반공포로 석방과 휴전협상

반공포로 석방과 휴전협상

김행복 지음

차 례

전쟁 중에는 전사자, 부상자, 실종자, 포로 등이 발생하게 마련인데 그 중에서 전쟁포로란 일반적으로 '적에게 사로잡힌 군사'를 말하며, 법적으로는 '적군에 생포된 전쟁 당사국 일방의 군대에 소속한 전투원이나 비전투원'을 가리킨다. 보다 구체적이고 실질적인 개념으로는 '제네바 협약'[1]의 규정에 명시되어 있는바, 이 협약은 '다음 부류의 하나에 속하는 자로서 적의 수중에 들어간 자'를 전쟁포로로 규정하고 있다.

① 충돌 당사국의 군대 구성원 및 그러한 군대의 일부를 구성하는 민병대 또는 의용대의 구성원

② 충돌 당사국에 속하며 그들 자신의 영토 내외에서 활동하는 기타 의용대의 구성원

③ 억류국이 승인하지 아니하는 정부 또는 당국에 충성을 서약한 정규군대의 구성원

④ 실제로 군대의 구성원은 아니나 군대에 수행하는 자, 즉 군용기의 민간인 승무원, 종군기자, 납품업자, 노무대원 또는 군대의 복지를 담당하는 부대의 구성원

⑤ 선장, 수로안내인 및 견습선원을 포함하는 충돌 당사국의 상선의 승무원 및 민간항공기의 승무원으로서 국제법의 다른 어떠한 규정에 의하여도 더 유리한 대우의 혜택을 향유하지 아니하는 자

⑥ 점령되어 있지 아니한 영토의 주민으로서 적이 접근하여 올 때 정규군 부대에 편입할 시간이 없이 침입하는 군대에 대항하기 위하여 자발적으로 무기를 든 자

제네바 협약은 위의 어느 한 부류에 속하는 대상을 국제법상 전쟁포로로 인정한다는 것이다. 뿐만 아니라 이 협약은 다음과 같은 자들도 역시 전쟁포로로 대우해야 한다고 규정하고 있다.

① 피점령국의 군대에 소속하는 또는 소속하고 있던 자로서, 특히 그

러한 자가 그들이 소속하는 교전 중에 있는 군대에 복귀하려다가 실패한 경우, 또는 억류의 목적으로 행해진 소환에 불응한 경우 전기의 소속을 이유로 하여 점령국이 그들을 억류함을 필요하다고 인정하는 자

② 본 조국의 영토 내에 수용하고 있고 또한 그러한 국가가 국제법에 의하여 억류함을 요구하는 자

그러나 6·25전쟁에서 국군 및 유엔군에게 붙잡힌 공산군 포로의 구성 및 성격은 제네바 협약으로도 명확하게 정의를 내릴 수 없을 정도로 다양하고 복잡했다. 당시 유엔군사령부가 수용하고 있던 적군(敵軍) 포로 집단 내에는 공산군 소속 군인으로서 자발적으로 유엔군에 귀순함으로써 별도의 취급을 받아야 했으나 그냥 포로로 분류된 자가 있었는가 하면, 국군 소속의 군인으로서 적에게 생포되었다가 북한군에 강제로 끌려 들어간 소위 의용군이 있었다. 또 국군 장병으로서 전선에서 낙오되었다가 복귀하는 도중에, 또는 공산군에게 포로가 되었다가 탈출하는 과정에서 유엔군에게 포로가 된 자들도 포함되어 있었다.

여기에는 북한이나 남한의 민간인들도 있었는데, 그 중에는 상당한 수의 여자들도 있었고, 어른을 따라 포로수용소에 함께 들어온 어린아이들까지 있었다.

포로의 구성이 이렇게 복잡했던 까닭은 전쟁이라는 혼란 속에서 피아를 분명히 가릴 수 없었던 것이 주된 이유였지만, 유엔군으로 참전한 외국군과 언어가 소통되지 않아서 포로로 취급된 자들도 적지 않았다. 어떻든 공산군 포로의 구성은 다양했다. 그것을 가려내기도 어려웠지만, 초기에는 가려낼 만한 여유도 없었고 필요성도 느끼지 못했다.

나중에 분류를 시도했을 때에는 포로의 엄청난 수 때문에, 또한 출신과 계급, 신분의 허위진술 등으로 사실상 정확한 구분이 불가능해졌다. 그래도 전쟁이 아군의 승리로 끝났다면 포로문제는 별로 어려움이 없었을 것이다. 승패가 분명하지 않은 상황 하에서 휴전회담이 열리게 되자 포로들 사이에 흉흉한 분위기가 감돌기 시작했다. 전쟁이 끝나면 곧 북한이나 중국으로 송환되어 갈 것이라는 사실 때문이었다.

국제법과 역사적 관례에 의하면 전쟁이 끝나는 대로 포로는 지체없이 송환될 것이므로 유엔군 관리 하에 있는 포로는 전원 북한이나 중국으로 송환될 것이었다. 그런데 그들 중에서 대단히 많은 수가 본국으로의 귀환을 거부하는 뜻을 나타냈던 것이며, 이런 사실은 공산군 측을 당혹케 만들었다. 이데올로기를 배경으로 하여 전쟁을 벌이고 있는 상황에서 자기 나라로 돌아가기를 거부하는 포로가 있다는 사실은 국제적인 망신일 수밖에 없었다. 그래서 공산군 측은 쌍방이 수용하고 있는 포로 전체를 송환하자는 주장을 강하게 밀어붙였다. 반면, 유엔군 측은 귀환거부 포로를 강제적으로 송환하려 하지 않았다. 심리전적인 측면에서 이득이 있을 뿐만 아니라, 인도주의적인 측면에서도 명분이 있고, 여론의 호응과 국제적인 지지를 받았기 때문이다. 이로써 포로송환문제가 휴전협상의 최대 걸림돌이 되었으며, 회담장에서는 유엔군 측과 공산군 측 대표들이 격렬한 논쟁을 벌였다.

포로송환문제는 포로수용소 내에서도 소요의 원인이 되었다. 북한이나 중국으로 돌아가려고 하는 사람들과 돌아가기를 거부하는 사람들 사이에 적대적인 편 가름 현상이 나타나고, 수용소 울타리 내에서 좌익과 우익의 싸움이 벌어지게 되었다. 이 시기에 공산권으로 돌아가겠다는 포로를 '친공포로', 송환을 거부하는 포로를 '반공포로'라고 했다. 이런 구분은 반드시 사상적인 기준에 의한 것만은 아니었다. 공산주의자가 아니라고 해도 고향으로 돌아가기를 원하는 포로는 친공포로로 분류되었는데, 친척이나 생계수단이 없는 곳에서 사는 데 대한 두려움을 갖고 있는 사람이나, 자기가 돌아가지 않으면 고초를 당할 가족을 걱정해서 송환을 거부하지 못하는 사람도 있었던 것이다.

따라서 귀환을 자원하는 부류 모두를 순수한 '친공'으로 볼 수 없었다는 것이다. 그렇지만 내적인 동기가 어떠하든 일단 귀환하기로 작정한 포로는 '친공' 행세를 하지 않을 수 없었다. 그들은 고향으로 돌아갔을 때 포로가 되었다는 사실 때문에 입게 될지도 모를 불이익을 수용소 내에서의 투쟁활동으로 만회해 보려고 했다. 그리고 일단 공산 계열에 들게 되면 온건한 태도를 취하기가 어려웠다. 공산 측 조직이 그것을 용납하지 않기 때문이었다.

반공포로는 외형상 본국으로 돌아가기를 거부하는 포로였다. 그들 중에는 원래의 고향이 남한이어서 자연스럽게 그리고 당연히 공산권으로의 송환을 반대하는 자도 있었지만, 북한 출신이면서도 귀환을 거부하는 자도 있었다. 실제로 북한 출신 포로들이 더 철저히 귀환을 거부하면서 더 강렬한 송환 반대 행동을 보였다. 그것은 이미 공산 통치 하에서 공산주의의 실상을 체험했기 때문이다.

휴전회담에서 포로문제가 논의되었을 때 귀환을 거부하는 이런 사람들의 제외 여부가 논쟁의 초점이 되었다. 이것은 '강제송환'과 '자원송환' 주장의 대립으로 나타났던바, 그 핵심은 바로 이들 반공포로들의 처리문제에 있었다. 요컨대 6·25전쟁에서 1년간의 격전을 치른 후에 쌍방이 전쟁을 끝내려고 시작한 휴전협상에 2년이라는 시간이 더 소요된 것은 반공포로 문제의 합의가 1년 반 동안이나

지체되면서 협정 체결이 지연되었기 때문인데, 이런 경우는 역사상 전례가 없던 일이었다.

2015년 4월 김행복

1부

포로의
발생과 수용

1장

공산군 포로의 획득

북한군 포로

1950년 6월 25일 북한군의 남침으로 시작된 전쟁에서 불의의 기습을 당한 국군은 전반적으로 불리하게 전개된 초기의 상황에서 적군을 포로로 할 만한 여건이 되지 않았는데, 북한군 생포 사실이 처음으로 알려진 것은 전쟁 발발 1주일이 지난 7월 초였으며 그 숫자도 많지 않았다.[2] 북한군 포로가 다수 나타난 시기는 낙동강전선에서 공방전이 전개되던 이해 8월 초부터 인천상륙작전이 전개되던 9월 중순까지의 약 1개월 반 동안이었다.[3] 하지만 이때에도 포로의 숫자는 그리 많지 않았다.

그러나 인천상륙작전이 전개된 이후의 상황은 크게 달라졌다. 낙동강전선까지 진출한 적군은 유엔군의 상륙작전으로 후방이 차단되고, 낙동강전선에서부터 아군의 총반격을 받게 되자 급격한 전력 저하, 전의 상실상태에 빠져 후퇴하게 되었는데, 이 과정에서 수많은 포로가 생겨났다.[4] 이어서 국군과 유엔군이 38도선을 돌파한 이후로 패주하는 북한군을 뒤쫓아 북진하는 10월 초부터 포로의 수는 급증하였다. 아군의 추격을 받고 지리멸렬된 채 후퇴하는 북한군은 싸울 의지를 잃고 산발적으로, 때로는 대규모로 붙잡히거나 투항해 왔다.[5] 6·25전쟁 전 기간을 통하여 바로 이 시기, 즉 1950년 9월 하순과 10월에 북한 인민군 포로가 가장 많이 발생하였다.

아군에게 붙잡히는 북한군 포로의 수는 그 후로도 계속 증가했다. 이렇게 해서 북진 개시 후 한 달이 지났을 때인 10월 말경 그 수는 11만 명을 넘어섰으며, 12월 초에는 14만여 명에 이르렀다. 이후 중국군의 개입으로 아군이 후퇴하고 다시 반격하여 전선이 고정된 후로는 쌍방의 포로 발생률이 떨어졌는데, 전쟁 중 북한군 전체 포로의 수는 약 16만 명에 이르렀다.

중국군 포로

6·25전쟁에 중국군이 참전한 시기는 1950년 10월 중순이었고, 그 중에서 소수의 병사가 아군에게 처음으로 생포된 때는 10월 25일이었다. 국군 제1사단이 평안북도 운산에서 벌인 교전에서 적의 병사를 포로로 하였는데, 이들을 심문하는 과정에서 그들 자신이 중국군이라는 진술을 얻게 되었다. 그러나 미군 측에서는 직접 포로 심문을 하고서도 그 포로가 중국 정규군임을 인정하려 하지 않았다. 단순히 포로 몇 명의 문제가 아니라 중국군 개입 사실 자체를 인정하려 하지 않으려는 미군 지휘부의 선입견이 강하게 작용한 때문으로 지적되고 있다.

어떻든 이 포로는 그때까지 중국의 전쟁 개입을 인정하지 않던 유엔군 측에게 중국 참전 사실을 확인케 하는 증거가 되었다. 또한 중국이라는 나라가 자국의 이해관계를 중시하여 이 전쟁에 실질적인 관심을 표명했다는 사실을 나타내는 것이며, 소련의 승인을 받거나 또는 종용을 받아 이 전쟁에 정식으로 개입한 것을 의미하였다. 더불어 공산권 국가들이 공식적으로 단합하여 북한을 지원한다는 사실이 입증된 것이었다. 따라서 그때까지만 해도 중국의 참전에 대해 정확한 정보를 갖고 있지 못했던 미국으로서는 중국군 포로의 출현

이 우려할 만한 사건, 충격적인 사실로 받아들여졌다.

이후 중국군은 제1단계로 한국군 및 유엔군의 한·만 국경선까지의 진출을 저지하였으며, 제2단계로 총반격작전을 실시하여 북한지역을 회복하였고, 제3단계로 38도선 이남으로 진출을 강행하여 서울을 점령하였다. 이렇게 해서 그들은 북한지역을 거의 회복하고 1951년 초에는 평택-제천선, 즉 북위 37도선까지 진출하는 데 성공하였다. 그렇지만 중국군 공세의 힘은 이 정도가 그 한계점이었다. 그들은 이 선에서 다시 전세를 수습한 유엔군의 반격을 받아 38도선 이북으로 퇴각하게 되었다.

중국군의 포로는 이 시기와 그 후 몇 차례 반복된 공방전에서 다수 발생하였는데, 전체의 수는 2만 명 정도가 되었다.

2장

포로의 수용 및 관리

포로에 대한 인식과 태도

국군 및 유엔군에 생포된 공산군 포로는 공식적으로 북한군과 중국군 소속의 군인들이었다. 그렇지만 실질적인 구성은 다음과 같이 매우 복잡했다.

① 정규 인민군

② 전쟁 중에 북한군에 강제 동원되었다가 아군에 귀순한 자 및 후퇴 시 투항해 온 자

③ 남한 주민으로서 전쟁 중에 자진해서 북한군에 호응하여 소위 의

용군이 되었다가 유엔군에 붙잡힌 자

④ 남한 주민으로서 전쟁 중에 강제로 의용군으로 끌려갔다가 붙잡힌 자

⑤ 북한 주민으로서 피난 나오다가 유엔군에 수용된, 소위 피난민 포로

⑥ 공작 임무를 띠고 귀순을 가장하여 밀파된 위장포로

⑦ 중국군

유엔군이 획득한 포로가 이렇게 다양하게 된 데에는 갑자기 전쟁에 직면하게 된 한국군이나 유엔군 당국에게 포로에 대한 개념과 처리 방안이 없었던 점, 전쟁의 와중에서 군인과 민간인을 정확히 구분하기가 어려웠던 점, 한국인과 미군과의 의사소통이 이뤄지지 못한 점, 포로관리의 최종적인 책임과 권한을 갖고 있는 미군이 한국과 한국인의 사정 및 관습을 잘 알지 못했던 점 등이 원인이었다. 이 때문에 집계된 포로의 숫자 중에는 순수하게 전쟁포로라고 할 수 없는 사람들이 상당수 포함되어 있었고, 실제로 수용소에 들어가지 않아도 될 사람들이 억류되어 고초를 겪는 경우도 있었다. 그리고 이런 사정이 포로송환문제를 더욱 복잡하게 만든 하나의 요인이 되었다.

하지만 전쟁 초기에는 이들 공산군 포로들이 전반적으로 온순하여 포로관리 당국에 우호적, 협조적이었으므로 포로로 인한 문제는

없었다고 할 수 있다. 그들 중 상당수가 북한군에 강제로 징집당했다고 주장하면서 대한민국에 충성을 다할 것을 맹세하였고,[6] 다수는 전투에 참가하여 공산군과 싸우겠다고 하면서 무기를 지급해 달라고 요구하기도 했다. 당시 유엔군 측은 제네바 협약을 준수하는 데에만 집착한 나머지 포로를 억류하기만 했을 뿐 그들에게 무기를 주지는 않았다. 그러나 포로들의 이런 태도를 보고 놀라움을 금치 못한 것이 사실이었다. 포로관리 책임자들은 이와 같은 현상에 대해 미국인과는 달리 "동양인 특히 한국인은 그들을 체포한 자에게 공손하게 복종하는 것이 특징"이라고 말하였다. 하지만 얼마 지나지 않아서 그들은 포로들의 유혈, 폭동사건들을 뼈아프도록 경험하게 되었으며, "공손하게 복종하는 것이 한국인의 특징"이라고 말하는 사람은 아무도 없게 되었다.

그렇긴 해도 전쟁 초기에 공산군 포로들은 다루기 쉬웠고 비교적 평온한 편이었다. 부산 포로수용소의 경우 10만 명이 넘는 포로들이 출신 배경의 구별 없이 수용되어 있었고, 그 공간도 좁은데다가 경비병도 부족했으나 별다른 문제가 일어나지 않았다. 그렇다고 해서 포로수용소 내에서 사건이 전혀 없었던 것은 아니었다. 다만, 이들 사건들은 다른 여러 전쟁에서 일어날 수 있었던 사건들과 별 차이가 없는 것으로 생각되었던 것이다. 또한 북한과 중국도 유엔군의 공산군 포로 처리와 대우에 관해서 거의 언급하지 않았다.

공산군 포로들의 불온한 움직임이나 특별한 사건이 일어나지 않고 이념적 분리, 대립, 투쟁이 표면화되지 않은 현상은 약 1년 정도 지속되었다. 이때는 친공이나 반공의 구분도 없었다. 두 부류로 나뉘어 서로 대립할 요인들은 일찍부터 내재해 있었지만, 아직 그것이 드러나지 않았던 것이다. 또한 그것을 감지하지 못했거나, 감지했어도 문제시하지 않았을 뿐이었다. 전쟁이 곧 끝날 것이라는 낙관적인 전망 때문에 유엔군 내에서는 전쟁포로의 취급에 대해 큰 문제의식을 갖지 않았으며, 그것은 포로를 취급, 관리하는 담당자들의 근무자세를 이완시키는 한 요인이 되었다.

공산군 포로의 관리를 책임지고 있던 유엔군 당국이 긴장하게 된 것은 포로들의 성향이 변화된 것을 느끼면서부터였다. 겉으로 그런 변화의 징후가 드러났을 때는 이미 상당한 내부적 진전이 있었던 결과였다. 그러므로 이러한 과정을 일찍 예측하지 못하고 그 대비책을 미리 또는 제때에 적절히 마련하지 못한 것이 곧 큰 화를 초래하게 되었다.

초기의 포로 수용시설

전쟁 초기, 특히 북진하던 기간 중에 국군 및 유엔군은 적군 포로들을 조직적, 체계적으로 수용·관리하지 못했다. 전황의 변화가 빠르고 혼란스러워서 전선에서 전개되는 작전에만 신경을 쓰기에도 여념이 없었기 때문이기도 했지만, 전세에 대한 낙관적인 전망이 포로문제에 대한 인식을 흐리게 만들었다. 북진에 참가한 아군 부대들은 평양-원산선을 돌파하면서 "이 전쟁에서 승리하는 것은 확정적이다. 곧 전쟁이 끝나고 남북통일이 된다."고 믿게 되었다. 이처럼 전승에 도취되자 북한 패잔병들이 관심을 둘 만한 존재로 보이지 않았다. 그러니까 구태여 포로를 붙잡아서 억류해 둘 필요가 있겠는가 하는 생각까지도 하게 되었던 것이다.

이런 무지갯빛 꿈에 부푼 나머지 투항하는 적의 병사들을 집결, 후송시키지 않고, 호기롭게 "곧 남북통일이 될 터이니 그대들은 각자 자기 집으로 돌아가 생업에 종사하라."고 그들을 풀어주기도 했다. 다행스러운 일은 이 시기에 생포되는 포로의 숫자가 증가되긴 했어도 그들이 별로 문제를 일으키지 않았던 것이다.[7] 그렇다고는 해도 포로 수용 및 관리에 대한 적절한 조처가 필요하다는 것만은 분명했다. 공산군 포로의 숫자가 적을 때는 아무렇지도 않게 보였으나, 그 인원이 급격히 증가하면서 그들을 수용·관리하는 일이 대단히 힘들고 복잡한 문제로 대두되기 시작했다.

전쟁 기간 중에 획득되는 포로를 모아서 관리하는 곳으로는 '포로수집소'와 '포로수용소'가 있다. 6·25전쟁 중에는 전선에 포로수집소, 후방에 임시포로수용소 또는 영구포로수용소가 설치·운영되었으나,[8] 그 시설로는 포로 수용과는 관계없는 기존 군대 막사의 일부나 학교건물 또는 형무소 등이 주로 사용되었다. 따라서 시설 규모에 따른 합리적인 인원의 수용이라든가 조직적인 관리 및 체계적인 경비라는 측면에서 적지 않은 문제가 있었다. 이런 시설들은 전황 및 전선의 변동에 따라 수시로 설치, 이동 또는 폐쇄되었으며 이들 대부분이 장기적인 포로 수용을 목적으로 한 것이 아니었으므로 그 존속 기간도 짧았다.

국군은 전쟁 초기 후퇴하는 과정에서 상당수의 북한군을 포로로 하여 후방으로 이송하였으나, 전국(戰局)의 혼란으로 인해서 그 포로를 제대로 수용하지는 못했다. 그 중에서도 비교적 고정적인 성격을 띤 포로수용소가 대전형무소 내에 설치된 '대전수용소'였다.[9] 그 후 전세 변동에 따라 부산 영도에 '포로수용본소(捕虜收容本所)'를 설치하였다. 한편, 최초로 6·25전쟁에 참전한 미 제24사단도 대전에 임시포로수용소를 설치하여 공주, 조치원 등의 최전방 수집소로부터 후송되어 오는 포로들을 수용하였다. 곧 전세가 불리해지고 전선이 남쪽으로 밀리게 되자 이 포로수용소들을 대구로 이동시켜 제100포로수용소와 미 제8군 포로수용소로 개소하였다.

한편, 점점 증가하는 포로와 피난민이 아군 부대의 안전에 영향을 미칠 것을 고려하여 미 제8군사령부는 포로 수용 및 관리를 위해 필요한 자재와 병력을 확보하려고 시도했다. 그렇지만 그 당시 보급 사정이 그다지 좋지 않은데다가, 그나마 인력과 군용 자재가 전선부대 우선 보충이라는 원칙에 의해 운영되고 있었기 때문에 후방의 포로수용소 건설에 쓰일 여유가 없었다. 이런 이유에다 몇 가지 다른 요소가 겹쳐져 본격적인 포로수용소 설치는 뒤로 미루어졌다.

부산 포로수용소

그렇지만 포로수용소의 필요성은 절실하였으므로 유엔군사령부는 수용소를 설치할 장소를 물색하였다. 여러 가지 사정을 검토한 끝에 부산군수사령부(Pusan Logistical Command) 관할인 부산시 거제리 지역에 수용소를 설치하기로 하고 1950년 7월 중순에 시설공사를 시작하였다. 이것은 유엔군사령부 관할 하에 미 제8군사령부가 운영하는 포로수용소로서 그 설치 목적과 규모가 그때까지 만들어졌던 다른 수용소와는 근본적으로 차이가 있었다. 즉 한국군 및 유엔군이 전쟁 중에 사로잡은 포로 전부를 이곳에 집결시켜 장기적으로 수용·관리하려는 것이었다. 이것은 6·25전쟁에서 본격적으로 포로를 수용하는 시설로서 '주한 미 제8군사령부 제1포로수용소(Camp EUSAK No.1)'라 명명하였으며, 통상 '제1포로수용소'라고 호칭했다. 이후 다른 포로수집소 및 임시포로수용소에서 수집된 모든 포로들은 이곳으로 후송, 수용되었다.

당시 한국군의 작전지휘권이 유엔군 총사령관에게 이양된 후였으므로 이때까지 한국군·미군 간에 별도로 유지하던 수용소도 통합해야 할 필요성이 대두되었다. 이는 포로 심사와 효율적인 포로관리를 위해서도 필요한 조치라고 판단되었기 때문이다. 이리하여 한국군이 운영하던 부산 영도수용소가 폐쇄되어 미 제8군 수용소에 통합되었다.

수용소가 단일화되면서 수용 규모 5만 명을 목표로 한 확장 작업이 개시되었다. 이때 한·미 간의 업무 한계도 함께 논의되었는데 포로관리에 대한 직접적인 감독은 미군이 담당하고, 한국군은 미군의 감독 하에 가능한 한 많은 인력을 제공하기로 하였다. 이러한 결정의 배경에는 제네바 협약을 지켜야 한다는 전제가 깔려 있었을 뿐만 아니라, 특히 한국군이 적군 포로를 감정적으로 학대하거나 살해할 가능성이 있다는 관점에서 사로잡은 포로를 가능한 한 신속히 미군의 통제 하에 두려는 의도가 있었다. 또 참전 연합군 간에도 전반적인 포로관리를 미군이 담당하기로 합의를 보았다.

9월 15일 인천상륙작전은 6·25전쟁 전반의 흐름을 바꾸어 놓았던 한편, 포로문제에서도 획기적인 변화의 계기가 되었다. 이후 10월에 접어들어서 공산군 포로의 수는 계속 증가했으며, 그때까지의 시설로는 늘어난 포로를 수용할 수가 없었다. 식품 및 식수 보급도 여의치 못했다. 예상 밖으로 많은 포로들이 짧은 시간에 갑자기 밀어닥쳤던 것인데, 이런 추세에 따라 앞으로 포로의 수가 크게 증가할 것에 대비하여 제2군수사령부는 포로수용소를 확장할 계획을 세웠다.

이러한 계획에 따라 거제리에는 제2수용소로부터 제6수용소까지 증설되었고, 다시 부산 수용소의 지소로서 수영에 소위 대발 제1, 제2, 제3수용소가 설치되었으며, 가야리에 가야 제1, 제2, 제3수용소가 들어섰다. 그러나 이렇게 하고서도 급증하는 포로 수에 비해서 수용시설은 부족한 형편이었다.

이 무렵 북진하던 한국군과 유엔군에 의해 평양에도 2개의 포로수용소가 설립되었으며, 11월 말까지 인천에도 수용소 시설을 건설하기 시작했다. 그렇지만 압록강·두만강 국경선에 육박했던 아군이 중국군의 참전으로 급속히 후퇴하게 되자 유엔군사령부는 평양과 인천에 수용되어 있던 포로들을 부산으로 이송시켰다. 이렇게 해서 부산에 집중된 포로의 수는 14만 명에 이르게 되었다.[10]

이처럼 포로가 부산으로 집중되자 이곳은 포화상태가 되고 말았다. 포로 수용문제는 단시간 내에 해결될 가능성이 보이지 않았다. 불행 중 다행스러운 점은 이 당시까지만 해도 포로가 일으키는 불온한 움직임이나 소요가 별로 없었다는 것이었다. 그러나 전선의 변동이 예측할 수 없는 위험요소로 남아 있었고, 그 추세에 따라 만일 불행한 상황이 벌어질 경우 포로를 어떻게 처리해야 할지가 유엔군 당국의 고민거리였다. 이 때문에 최악의 경우 유엔군이 남한에서 철수해야 할 사태를 가상하여 포로를 한국 이외의 지역으로 이송하는 문제까지도 논의되었다.

3장
거제도 포로수용소

설치배경

획득되는 포로의 수가 증가하고 포로를 수용·관리하는 일이 의외로 어려워지자 유엔군사령부는 그 대책을 모색하지 않을 수 없었다. 부산은 포로 수용을 위한 지리적인 이점을 갖추고 있지 못했고, 피난민들로 혼잡해져서 더 이상 포로를 수용할 만한 공간적 여유가 없었다. 미 제8군 사령관은 전장에서 멀리 떨어지지 않은 곳에 14만 명이나 되는 포로가 존재한다는 사실에 대한 우려와 함께, 적과 싸우는데도 모자라는 병력을 수용소 경비로 돌려야 한다는 점을 좋지 않게 생각했다. 또한 그는 만일 유엔군이 한반도로부터 철수하지 않으면 안 될 경우에 포로를 이동시키는 문제도 걱정했다. 그래서 만일의 경우에 대비해서 전선에서 멀리 떨어져 완전히 고립된 섬지역으로 포로를 옮기는 방안을 고려하게 되었다.

이 문제를 해소하기 위해 유엔군사령부가 처음으로 거론한 포로수용소 후보지는 제주도였다. 유엔군사령부에서 제주도를 포로수용소 후보지로 하여 포로를 이동시킬 가능성을 타진하자, 미 제8군 사령관은 이 섬이 적절치 않다는 부정적인 입장을 표명했다. 그가 지적한 이유는 1) 제주도가 이미 피난민으로 초만원이 되어 있다는 점, 2) 용수(用水)가 부족하다는 점, 3) 이 섬이 오랫동안 공산주의의 온상이었다는 점, 4) 피난한 한국 정부가 이 섬을 임시정부 장소로서 사용할 가능성이 있다는 점 등이었다.

여기서 대안으로 떠오른 후보지가 거제도였는데 결국 이 섬이 포로수용소 설치 장소로 결정되었다. 거제도가 최적지로 선정된 이유는 1) 섬이기 때문에 포로관리에 최소의 인력과 경비가 소요되고, 2) 육지로부터의 이동거리가 짧으며, 3) 급수가 비교적 좋다는 점 등이었다. 섬은 포로 수용에 좋은 이점이 있지만 근해의 섬들 중에서 수많은 인원을 먹일 만한 물을 얻을 수 있는 곳은 그리 많지 않은데 거제도만은 물 공급상태가 좋았던 것이다. 또한 포로들에게 제공해야 할 양식의 일부를 재배할 수 있는 장소가 있다는 점도 고려되었다.

이렇게 해서 거제도의 몇 개 마을을 수용소 부지로 선정하고 육지에 있는 포로를 이곳으로 이동시키는 작전계획이 수립되었다. 계획 수립과정에서 처음의 구상은 6만 명을 수용할 시설과 함께 관리 인원을 충원한 후에는 22만 명의 포로를 수용하고 그것을 지원하는 계획으로 확대할 예정이었다.

시설 및 규모

거제도는 남해안의 진해만 앞에 있는 우리나라에서 제주도 다음으로 큰 섬으로서 부산 서남쪽 약 70킬로미터 거리에 위치하고 있으며, 60여 개의 유·무인도와 합해서 행정상으로는 거제군(현재는 거제시)을 이루고 있었다. 포로수용소가 설치되었던 지역은 섬의 중앙에 해당하는 일운면 고현리(현 거제시 신현읍)를 중심으로 약 1,100만 평에 이르는 농토와 임야였다.

이 섬은 포로를 안전하게 수용할 수 있다는 측면에서는 이상적인 조건을 갖추고 있는 곳으로 생각되었다. 그러나 수용소 시설을 구축하는 공사 면에서는 어려운 점이 많았다. 아직 개발되지 않고 야산이 많았던 이 섬에는 평지라고 할 만한 곳이 많지 않았고, 평평한 땅이라고는 대부분 논이었으므로 물을 빼내고 땅을 말리고 흙을 채워 넣는 작업이 진행되었다. 적절한 도로가 거의 없었으므로 도보길 또는 우마차길을 확장하거나 완전히 새로운 길을 만들어야만 했다. 해상으로 인원과 화물을 수송하기 위해서 선박을 접안할 수 있는 정박 공간과 시설도 새롭게 만들어야 했다.

거제도 포로수용소 설치 공사는 1951년 2월 초부터 시작되어 월말에는 우선 포로 선발대가 들어설 만큼 상당한 진척이 있었다. 먼저 불도저로 정지작업을 한 다음 철조망을 둘러치고 감시 망루를 설치하고 그 안에 천막을 쳤다. 초기에는 이런 천막들뿐이었으나 그 후 흙벽돌로 담을 쌓고 난방이 됨으로써 겨울에도 추위를 면할 수 있게 되었다. 나중에 지은 막사들은 반영구적으로 되어서 포로수용소 시설로서는 불편한 점이 없을 정도였다. 이리하여 부산의 각 수용소에 있던 포로들이 6월 말에는 거의 대부분 이곳으로 이송되었다.

부산 포로수용소의 포로들이 거제도로 옮겨지게 되자 '제1포로수용소'라는 명칭도 이곳으로 넘어가게 되었으며, 이로써 거제도는 6·25전쟁에서 명실상부한 최대의 포로수용소가 되었다. 수용소의 체제는 CAMP라고 불리는 포로수용소 내에 그 하부 구조로서 각각 6,000명 규모의 인원을 수용하는 60, 70, 80, 90 단위의 숫자가 붙여진 4개의 Enclosure(단지)가 있었고, 이것은 모두 28개의

Compound(동)로 구성되었다. 이렇게 해서 새로운 포로수용소가 빠른 속도로 설치되었는데, 작전수행이라는 측면에 있어서 그 속도는 훌륭하다고 할 수 있었다. 그렇지만 갑자기 증가된 포로는 유엔군 측이 조직적으로 포로를 관리할 수 있는 능력을 넘어설 수준에 이르렀고, 이처럼 조급한 과정 중에 장차 큰 혼란이 발생할 소지가 숨어 있게 되었다.

포로수용소가 이전된 후로 계속되는 포로의 이송을 통해 거제도의 포로는 최대 17만 명에 이르게 되었다.[11] 이로부터 거제도가 6·25전쟁에서 전쟁 포로수용소의 본무대가 되었는데, 이러한 현상은 다음해인 1952년 포로 분리, 분산작전에 의해 이곳의 인원을 다른 여러 수용소로 옮기게 될 때까지 약 1년 남짓 지속되었다.

포로의 소요 및 저항의 시작

거제도에 포로들이 이송되어 온 이후 처음 몇 개월 간은 비교적 평온했다. 이 기간은 수용소 부지 정리 및 시설의 확장, 부산으로부터 배편으로 수송되어 오는 포로들을 배치하는 작업 등으로 분주한 때였다. 가끔 한국군 경비병과 포로 사이에 사소한 시비로 인해서 충돌이 발생했지만 큰 사건은 일어나지 않았다. 경비병과 포로 간의 충돌이 발생한 원인 중의 하나는 경비병들보다 포로들에 대한 대우가 더 좋다는 점이었다. 포로관리의 책임을 맡고 있는 미군 당국은 포로의 인권 존중이라는 제네바 협약을 준수하는 데 치중한 나머지 그들을 극진히 대우하는 편이었다. 그래서 피복이나 급식 면에서 경비병보다 오히려 포로가 더 낫다는 사실이 한국군의 감정을 상하게 했던 것이 포로에 대해 과격한 행동으로 나타나는 경우가 있었다.

처음 공산군 포로들은 인민군 군가를 부르기도 하고, 공산주의를 찬양하는 선동적인 구호나 미국인을 격렬히 증오하는 구호를 외쳐대는 등의 저항행동을 하기 시작했다.[12] 제네바 협약은 포로의 인권을 보호하는 정신으로 일관되어 있을 뿐, 포로들이 적극적으로 시위를 전개하거나 폭력을 휘두르는 일까지는 고려하지 않았으므로 포로들의 저항활동이 격렬해져도 수용소 당국이 그것을 저지, 규제하기가 어려웠다. 이렇게 볼 때 거제도는 이미 공산주의자들의 활동의 표적이 될 소지가 내포되어 있었던 것이다.

포로가 소요를 일으키게 되면 제일 먼저 곤욕을 치르는 것은 한국군 경비병들이었다. 이들은 소수의 인원으로 엄청나게 많은 포로들을 경비해야 하는 부담을 안고 있었다. 뿐만 아니라 포로관리에 대한 실권이 없이 미군의 지휘를 받고 있어서 행동의 자유가 없었다.

경비 근무 중에 한국군 경비병과 포로가 충돌해도 미군 측에서는 가능하면 개입하지 않으려는 태도를 취했다. 어떻게 하면 좋을지 모르기도 했지만, 휴전회담이 시작되고 곧 전쟁이 끝날 것으로 예상하여 큰 문제가 될 것으로 보지 않았던 것이다. 또한 제2차 세계대전 때 다수의 포로수용소장들이 수난을 겪었던 전례가 있었던 까닭에 6·25전쟁에서 포로수용소장직을 맡은 사람들의 심리가 위축된 탓도 있었다. 이후 발생한 포로수용소의 사건들은 이런 요인들이 겹쳐서 형성된 산물이라고 할 수 있을 것이다.

이후 거제도 포로수용소는 세인의 지대한 관심을 끌게 되었는데, 수용된 포로가 엄청나게 많았던 탓도 있었지만, 여기서 일어난 사건들이 역사상 전무후무할 정도로 유별난 성질의 것이었던 때문이다. 과거 어느 포로수용소에서도 발생하지 않았던 사건들이 이곳에서 일어났으며, 그 사건들이 전쟁의 추이와 휴전협상에 영향을 미쳤을 뿐 아니라 전 세계적인 여론에도 영향을 끼치게 되었던 것이다.

포로들의 소요는 그들이 새로운 수용소에 들어온 후 얼마 지나지 않은 시점에 북한군 장교 포로들이 부근에 있는 '모든 단지의 통제권'을 자기들에게 달라고 요구하면서 식사를 거부하는 행동으로 시작되었다.[13] 이 사건은 거제도에서 포로들이 일으킨 단체 저항운동의 첫 번째 사례였는데, 그 당시로는 이것이 일련의 연속적인 사건의 단초가 될 것이라고 생각한 사람은 없었다.

그런데 1951년 7월, 휴전회담이 열리자 수용소 내의 분위기가 이상하게 끓어오르기 시작했다. 조만간 전쟁이 끝날 것이라는 전망과 함께 포로들이 본국으로의 귀환 여부를 고심하기 시작한 시점이었다. 뒤에 알려진 일이지만 그 무렵에 북한의 고위 간부 한 사람이 수용소에 잠입하였다. 그는 밀명을 띠고 전선에 잠입하여 일부러 포로가 되었으며, 이후 이름뿐인 포로 지휘관의 배후에 숨어서 북한 당국의 지령을 받아 실질적으로 북한 포로를 조종하고 교묘하게 사건을 계획하고 연출했다.

또 이 시기 다수의 공산 측 조직원들도 포로수용소로 들어오기 시작했는데, 이들은 당시로서는 정체가 드러나지 않았던 북한의 특별부대 요원들이었다. 북한에서 훈련을 받은 그들은 수용소 내에서 전복과 테러 임무를 수행하라는 명령을 받고 계획적으로 포로가 되어 수용소 내로 잠입한 후 은밀히 조직을 만들고 수용소 근처의 민간인이나 피난민을 매수하여 다른 동의 포로와 정보를 교환하는 한편, 외부의 게릴라를 통해 북한과의 연락을 시도하였다.[14] 또 대수롭지 않은 일도 시빗거리로 삼아 저항의 빌미로 만들고, 수용소 내에서 그들과 이념을 달리하거나 자기네 행동에 동조하지 않는 무리들을 제거하기 위해 폭력을 행사하거나 살인까지 자행하였다.

이렇게 하여 수용소 내부에서 소요와 난투극이 빈발하고 희생자가 나타나기 시작했으나 수용소장은 적절한 조치를 취하지 않았다. 사법권이 없다는 이유와 현실적으로 포로의 수가 많다는 점, 수용소 내의 주동자를 가려내기가 어렵다는 점이 작용했다. 무엇보다도 유엔군 측은 이런 문제를 적극적으로 해결하려는 의지가 없었고, 실제로 이런 사건을 어떻게 처리해야 하는지에 대한 경험이나 방법을 알지도 못했다. 시간이 갈수록 소요와 데모의 발생 빈도가 증가하였고, 상황도 악화되어 희생자가 다수 발생하였다.[15] 이런 실정을 보고받은 미 제8군 사령관 밴플리트(James A. Van Fleet) 대장이 포로수용소 경비 병력을 증원하였으므로[16] 경비 태세는 어느 정도 좋아졌으나, 수용소 내의 소요와 저항은 사라지지 않았다.

2부

반공포로의 출현

1장
포로의 분류 심사

전쟁 중 아군에게 포획된 적군 포로의 구성과 성향이 매우 다양했지만, 그들을 제대로 구분하지는 못했다. 워낙 전황의 변화가 빠르고 전선의 변동이 급격한 데다가 잡히는 포로의 숫자가 급격히 증가하기 때문이었다. 사령부에서는 포로 수용장소를 확보하거나 숙소 공사와 식량 조달에 바빠서 포로를 체계적으로 분류할 엄두를 내지 못했다. 또 북진 기간 중에는 곧 북한군이 괴멸되고 통일이 이루어질 듯이 생각되었으므로 그들을 심사하거나 분류할 필요성을 느끼지도 못했다.

거제도에 포로수용소를 설치하고 포로 이송작업을 준비하면서 유엔군 당국은 포로들을 대략적으로 군인과 민간인, 인민군과 의용군 출신 등으로 분류하였다. 이러한 분류작업은 거제도로 이송작업이 마무리된 후에도 계속되었다. 그런데 1952년 2월부터 분류 심사에 대한 포로의 저항이 일어났다. 수용소 내의 포로는 장교와 여자 외에는 어떤 구분이 없이 배치되었지만, 시간이 지나면서 각 구역에 사상적으로 어느 한 편이 세력을 장악하게 됨으로써 친공 또는 반공 구역의 성격을 나타내게 되었는데, 이런 저항은 친공 구역 내에서 발생하였다.

수용소 당국은 포로들의 반대에도 불구하고 무력을 행사해서라도 심사를 강행하기로 결정했다. 심사반과 호위 병력이 진입하자 포로들은 미리 준비해두었던 몽둥이, 도끼, 삽, 곡괭이 자루, 칼, 죽창, 천막 지주 등을 휘두르며 저항하였으므로 일대 격전이 벌어졌다.[17] 폭동은 결국 진압되었지만 심사작업은 더 이상 진행되지 못했다. 이 사건은 공산군 측의 선전자료가 되어 판문점에서는 항의 소동이 일어났다. 유엔군 측은 억류자의 심사는 내정문제이며 휴전협상의 범위 밖이라고 주장하여 곤경을 모면했지만, 충격을 받게 된 것만은 사실이었다.

1952년 3월 판문점의 휴전회담장에서는 포로송환문제를 두고 쌍방간에 설전이 계속되고 있었다. 쟁점은 자원송환이냐 또는 강제송환이냐의 문제였다. 이렇게 휴전회담에서 포로송환 방법이 문제시되자 송환을 원하는 포로와 거부하는 포로를 확인할 필요성이 대두되었다. 유엔군사령부는 공개적으로 포로를 심사하고 분류하여 송환 거부자를 제외한 포로명단을 제시한다면 공산군 측이 받아들이지 않을까 하는 점에 착안하였다. 만일 공산군 측이 이를 수락한다면 송환거부 포로들은 특별 피난민이나 또는 그와 비슷한 다른 이름을 붙여서 제외시키고, 그 외의 포로는 교환할 수 있을 것이었다.

이런 분류 방식은 미군 측이나 공산군 측에도 유익할 것이라고 판단되었다. 미군 측에서 볼 때 심사의 결과 전체 공산군 포로 또는 절대다수의 공산군 포로가 송환될 경우 미국 국민이 지겨워하고 있는 전쟁은 종결될 것이며, 공산군 측에 억류되어 있는 미군 포로도 전원 송환될 것으로 기대되었다. 또한 공산군 측에서도 송환을 거부하는 포로가 얼마나 되는지 알고 싶어 하는 것으로 생각되었다.

그리하여 1952년 4월 초순, 포로수용소 당국은 구내의 확성기를 통해 포로 상호교환에 대비하여 송환을 원하는 포로와 송환을 거부하는 포로를 구분할 목적으로 개별적인 면회심사를 실시할 것을 알렸다. 그리고 이 심사는 포로들의 일생을 좌우할 중대하고도 최종적인 결정이 될 것이므로 심사숙고하여야 했는데, 단 자신의 안전을 위하여 다른 사람과 의논해서도 안 되고, 또 자신의 결정을 다른 사람에게 알려서도 안 된다는 주의를 주었다. 그리고 송환을 거부하는 포로에 대해서는 유엔군사령부가 어떤 보호나 장래에 대한 보장을 약속할 수 없으며, 그들은 거제도에 장기간 억류되어 있을 것이라 강조하고 있다. 뿐만 아니라 송환되지 않는 것은 본인의 자유이지만, 그러한 결정이 자신의 가족들에게 나쁜 영향을 미칠 것임도 분명히 밝히고 있다.

이 방송에 이어서 수용소 당국은 휴전회담장에서 공산군 측으로부터 제공받은 '특별사면 선언문'을 방송하였다.[18] 또 귀국을 반대하는 포로들에게 장래에 대한 어떤 기대감을 가지지 않도록 엄중하게 주의를 환기시키는 내용의 방송도 하였다.

이 사면 성명과 유엔 당국의 성명은 수용소 내에 큰 파문을 불러일으켰다. 유엔 당국은 송환을 거부하는 포로를 지지하기는커녕 오히려 송환을 강요하는 입장을 취하고 있었기 때문이다. 앞날을 예측할 수 없는 포로들로서는 대한민국에 남더라도 아무런 보장을 받을 수 없다는 말이 충격적이었다. 유엔군 측 요원들은 공산군 포로들이 가능하면 자기 나라로 돌아가기를 기대하였다.

따라서 고국으로 돌아가기를 거부하면 그들에게 결과적으로 어떤 불이익이 있을 것이며, 어떤 개인적인 위험이 있을 것인지를 강조하게 되었던 것이다. 밴플리트 장군도 '최고로 많은 숫자'의 공산군 포로가 귀환하도록 하기 위하여 '합리적인 증거'를 보이면서 강력하게 저항하는 자들만 송환거부자로 분리하도록 지시하였다.

2장
송환찬성 포로와 송환거부 포로

개별 분류심사가 있다는 방송이 나가자 포로들은 아연 긴장하게 되었다. 그러나 심사를 거쳐 송환을 찬성하는 자와 반대하는 자가 분리 수용되면 지금과 같이 생명의 위협을 느끼는 공포에서 해방될 수 있을 것이라는 점에서 대체적으로 반응이 좋은 편이었다. 다만 중요한 결정을 해야 한다는 두려움은 모두들의 마음 한 구석에 자리하고 있었다.

그런데 친공포로 수용소에서는 심사 반대시위가 일어났다. 그들은 심사를 받지 않고 포로 전원이 본국으로 송환되어야 한다고 주장하였다. 개인 심사를 하게 되면 송환을 거부하는 사람이 나타날 수 있기 때문이었다. 반공포로 수용소에서도 긴장하였다. 이 수용소에 있는 포로들은 송환을 거부할 것이라고 알려져 있지만, 실제로 전원이 그렇게 할 것이라고 확신할 수는 없었다. 개인의 생각은 아무도 알 수 없는 것으로서 반공포로 수용소라는 대세에 묻혀서 안전을 위해 은밀히 자기 신분을 숨기고 있는 사람도 있을 것이었다. 그러나 간부급 포로들은 명색이 반공포로 수용소인데, 만일 심사에서 송환 찬성자가 많이 나타난다면 곤란하다는 생각을 하고 있었다. 그래서 이탈자를 방지하기 위해 일부 반공포로 수용소에서는 포로들의 팔에 '반공, 멸공'이라는 문신을 새기는 방안을 생각해 냈다. 이런 분위기 하에서 남모르게 북송을 희망하는 사람도 다른 대원의 눈이 무서워 태연한 척 문신을 새길 수밖에 없었다.

1952년 4월 8일. 드디어 심사가 시작되었다. 심사장에서는 무장을 하지 않은 심문장교와 서기가 포로들을 면담하였다. 그들은 먼저 포로들에게 그들이 송환되지 않을 경우 가족들에게 미칠 영향, 송환을 거부하면 어떤 나쁜 점이 있는지, 송환 거부자들이 겪게 될 불확실성 등에 대해서 설명해 주었다. 그리고 포로들의 결심을 확인하기 전에 질문서를 나누어 주었는데, 질문 내용은 중립적인 입장에서 순수하게 포로의 의향을 묻는 것이 아니라 오히려 송환을 종용하는 방향으로 구성되어 있었다. 송환되기를 거부하는 사람의 입장에서 보면 이런 질문은 불공평한 것일 수밖에 없었다. 심사 도중에 어느 항의 질문에서나 송환을 수락한다는 말을 하기만 하면 심사는 그것으로 끝났다. 그 반면에 송환된다면 "자살하겠다."든가 "탈출하겠다."는 정도의 강한 결의를 표명해야만 송환거부 포로로 인정해 주었다. 그래서 반공포로들은 이런 불공평한 심사에 대해 거세게 항의하기도 하였다.

대부분의 경우 심사는 순조롭게 이루어졌다. 그러나 극적인 상황이 연출된 곳도 있었다. 이탈자가 발생하면 달려들어 폭력을 행사하는 경우도 있었으므로 경비병들이 출동하기도 했다. 뿐만 아니라 '반공, 멸공'이라는 문신이 새겨진 팔목을 입으로 물어뜯어 피투성이가 되는 소름 끼치는 장면도 나타났다.

그런데 송환 여부를 알기 위하여 포로심사를 실시해도 좋다고 인정한 공산군 측은 이율배반적으로 포로들에게는 분류심사를 거부하도록 지령을 내렸다. 휴전회담의 공산군 측 대표 남일이 바로 그 주모자였다. 그는 회담 장소에서는 유엔군 측에 송환거부 포로의 숫자를 제시하라고 요구하면서도, 한편으로는 거제도의 공산군 포로 지도자에게 송환심사를 거부하라고 지령하였다. 그렇게 함으로써 결과적으로는 본래의 주장대로 강제송환의 목적을 달성하려 했던 것이다.

친공포로 수용소에서는 송환심사에 응하지 않는 것은 물론이고 포로 명부 제출도 거부하였다. 친공포로들은 전원 송환을 원하므로 심사를 받을 필요가 없다는 주장이었다. 심사관들은 이처럼 면담을 강력하게 거부하는 친공포로 수용소에는 들어가지 못했다. 수용소 당국은 심사를 강행할 수도 있었지만, 그것이 휴전회담에 부정적인 영향을 줄지도 모른다는 관점에서 강권을 발동할 수 없었다. 결국 유엔군사령부는 이 정도 선에서 심사작업을 잠시 중단하기로 결정하였다.[19] 이렇게 하여 4월 중순까지 약 10만 6,000명을 심사하였고, 그 중에서 공산권으로 돌아가기로 결심을 표명한 포로는 약 3만 1,000명에 지나지 않았다.

3장

포로수용소장 피랍사건

포로 분류심사와 시위, 난동으로 혼란스러웠지만 그래도 밖으로는 크게 알려지지 않았던 거제도 포로수용소 내부의 사정이 전 세계에 노출되어 세인의 이목을 집중케 된 사건이 발생했다. 포로수용소장 피랍사건이었다. 1952년 5월 7일 거제도 포로수용소장 돗드(Francis T. Dodd) 준장은 "만일 소장이 면회를 허락한다면 포로 명부 작성에 협조하겠다."는 제76구역 포로 대변인의 제의를 수락하고 그들을 만나러 나섰다. 면회를 거절하라는 보좌관들의 건의를 받았지만, 당시 정확한 포로 명부를 제출하라는 상급부대의 지시를 받고 있었던 그는 이 기회를 놓칠 수 없다는 생각에서 그 제의에 응하기로 했던 것이다.

그는 소장으로 부임한 이후로 수용소의 분위기를 부드럽게 하려고 노력했으며, 비무장상태로 포로 지도자들과 대화하는 경우가 많았다. 포로들을 가깝게 만남으로써 그들의 실정을 파악하고 친근감을 갖게 하려고 애썼던 것이다. 포로들의 계획에는 이러한 사실도 충분히 고려되었다.

이날 그는 평소와 같이 잠겨 있지 않은 수용소의 비상문으로 가서 포로 지휘자와 면담했다. 많은 포로들이 몰려서 이야기를 들으려 했기 때문에 돗드 장군이 문 근처로 접근했을 때 그 옆으로 지나가던 포로 작업조가 순식간에 그를 끌고 수용소 안으로 들어가 버렸다. 이렇게 해서 포로수용소장이 바로 자신이 관리하는 포로들에게 포로가 되고 말았다.

돗드 장군이 포로들에게 납치되었다는 보고는 미 제8군사령부와 유엔군사령부, 그리고 워싱턴을 놀라게 했다. 제8군 사령관은 사태를 수습하기 위해 이 날짜로 콜슨(Charles F. Colson) 준장을 포로수용소장으로 임명했다. 신임 소장으로 부임한 콜슨 장군은 포로 대표들에게 돗드 장군을 내보내도록 요구하고 듣지 않으면 무력을 행사하겠다고 통보했다. 그렇지만 포로들은 돗드 장군을 인민재판에 회부하는가 하면, 그를 인질로 하여 교섭을 요구하면서 그들의 요구를 들어주지 않으면 돗드 장군을 내보내지 않겠다고 했다. 콜슨 장군의 압력에도 불구하고 포로들이 여전히 요구사항의 관철만을 주장하고 강경한 저항의 태도를 나타내자 그는 포로들의 요구에 응하기로 결심을 바꾸었다. 이후 3차에 걸쳐 포로들의 요구사항을 수락하는 각서가 교환된 후 마침내 돗드 장군은 풀려 나왔다. 납치된 지 3일 만이었다.

돗드 장군의 피랍사건은 그 자체가 큰 파문을 일으켰을 뿐만 아니라 그의 석방과정에서 작성된 소위 '콜슨 문서'는 휴전회담장에서 공산군 측이 유엔군 측을 공격하는 무기가 되었다. 공산군 측 대표는 이 각서를 내 보이며 유엔군 측이 포로를 부당하게 대우한 증거라며 유엔군 대표를 악착스럽게 물고 늘어졌다. 각서에 나타난 약점을 들어 최대한의 선전효과를 노렸던 것이다. 유엔군 측은 그 문서의 효력을 부인했지만, 문서라는 증거자료를 포로수용소장이 작성해 준 것만은 분명한 사실이었기 때문에 대단히 곤란한 입장에 처해졌다.

한편, 피랍사건의 주인공인 돗드 장군과 사고 수습책임을 맡았던 콜슨 장군은 징계를 받았고, 후임으로 보트너(Hayden L. Boatner) 준장이 임명되었다. 그러나 두 사람을 처벌함으로써 이 사건이 마무리된 것은 아니었다. 포로수용소장의 굴욕적인 처신은 변명의 여지가 없었고, 공산군 측의 집요한 선전공세로 유엔군 측은 곤혹스러운 처지를 쉽게 벗어날 수 없었다. 적을 너무나 몰랐던 결과라고 할 수 있었다.

4장
대한반공청년단의 결성

6·25전쟁 중 아군에게 붙잡힌 적군 포로는 본질적으로 친공으로 분류됨이 당연했다. 그리고 전쟁이 종료되면 참전한 군인들이 고국으로 돌아가는 것도 당연한 일로 여겨졌다. 그런데 공산군 포로 중에 종전 후에도 본국으로 돌아가기를 거부하는 부류가 북한군과 중국군에 공통적으로 나타났다. 예상 밖의 일이었다.

엄격한 의미에서 귀환을 원하는 사람과 귀환을 거부하는 사람이 반드시 친공과 반공으로만 구별될 수는 없었다. 고국으로 돌아가는 사람이 반드시 공산주의가 좋아서 그 길을 선택한 것은 아니었기 때문이다. 그들 중에는 고향에 두고 온 가족이나 친척 때문에, 또는 새로운 사회의 적응에 대한 두려움 때문에 본국으로의 귀환을 찬성하는 사람이 많았던 것이다.

처음 포로를 수용소에 배치할 때는 친공이나 반공 성향을 구분할 수 있는 어떤 기준이나 표시가 없었으므로 누가 어떤 편에 속하는지 알 수 없었다. 포로 자체가 개인별로 성분이 뚜렷하게 구별되지 않은 데다가 수용소를 관리하는 미군 당국도 이 문제에 별다른 관심을 두지 않았기 때문이었다. 그런데 휴전회담이 열리고 포로송환문제가 부각되면서 이런 성향이 나타나게 되었다. 겉으로 드러나지 않았지만 이들 사이에는 묘한 갈등과 대립의 분위기가 형성되었으며, 이런 현상은 점점 뚜렷해져서 시간이 지날수록 양측의 간격이 커졌고, 그것은 투쟁의 형태로 표출되었다.

어떻든 반공과 친공은 공존할 수 없었으므로 각 구역에서 주도권을 장악하기 위한 모의와 투쟁이 전개되었다. 그렇긴 해도 처음에는 양측의 충돌이 주먹으로 때리거나 몽둥이 또는 천막 지주와 같은 것으로 치는 정도였지만, 시간이 경과하면서 그 싸움은 가열되었다. 특히 친공계 구역에서는 더욱 악랄한 방법이 동원되어 반공포로를 찾아내 구타하거나 죽이는 일이 다반사로 일어났다.

이 과정에서 반공이나 친공으로 확연히 구별되는 구역이 있는가 하면, 그렇지 않고 불안한 평형을 유지하는 구역도 있었다. 후자의 경우에는 언제 그 상태가 깨어질런지 알 수 없었으므로 늘 긴장감이 감돌았다. 어느 한 편이 상대에게 전면 항복하지 않는 한, 구역 내의 패권싸움은 그치지 않을 것이었다. 이처럼 격앙된 수용소 내의 분위기는 포로심사 문제가 대두되면서 더욱 고조되었다. 조직 대 조직의 주도권 쟁탈을 위한 치열한 투쟁의 결과 각 동에서는 어느 편이 주도권을 잡느냐에 따라서 좌익수용소라든가 우익수용소라는 이름이 붙게 되었다.

이런 암투의 와중에서 신분이 노출되지 않은 포로, 즉 그 구역의 성격과 일치하지 않는 포로는 자기의 성향을 숨겨야 했다. 만약 발각되는 날에는 목숨이 위태로우므로 언제 자기의 신분이 탄로될지 알 수 없는 터라 전전긍긍할 수밖에 없었다. 친공포로 구역에 있던 반공포로는 기회를 보아 경비병들에게 알려서 그 구역을 벗어나는 수도 있었다. 불행하게도 신분이 노출됨으로써 인민재판에 회부되어 타살되는 경우도 적지 않았다.

친공포로 중에는 조직 구성과 행동 방법에 전문적인 핵심 공산주의자들이 있었다.[20] 그들은 이런 조직을 통해서 포로들을 규합, 통제하고 점점 그 힘을 키우면서 수용소 내에서 반공포로들을 압도하려고 하였다. 하지만 유엔군 측은 이들을 색출하거나 제어할 만한 능력이 없었으므로 수용소 내의 안전문제를 보장할 수 없었다. 친공포로들은 더 과감한 폭동을 일으키려고 수용소 내에서 각종 살상무기,

깡통에 휘발유를 이용하여 만든 수류탄 등을 준비하고 총검술 등의 훈련도 실시하였다. 물론 이들의 계획이 무지, 무모하다 하더라도 이러한 계획을 탐지하게 된 반공포로들로서는 공포를 느끼지 않을 수 없었다. 이들로서는 강제송환문제보다도 수용소 내에서 살아남는 문제가 더 급하게 되었다.

좌익포로들, 소위 빨갱이들이 북한의 지령을 받아가며 조직적으로 행동하고 있기 때문에 그에 반대하는 포로들이 이에 맞서 싸우기 위한 조직의 필요성이 대두되었다. 조직에는 조직으로 대항해야 한다는 것이었다. 그리하여 반공포로들은 1951년 8월 거제도 포로수용소 내에서 '대한반공청년단'을 결성하기에 이르렀다. 이로써 친공포로에 대항하기 위해 거제도의 모든 우익포로들을 하나로 묶어서 조직적인 활동을 할 수 있는 기반이 만들어지게 되었다.

그렇지만 반공계 포로는 조직 면에서 친공계 포로들을 뒤따라가는 정도의 수준이었다. 친공포로의 활동이 처음부터 치밀한 계획 하에 체계적으로 이루어졌던 반면, 반공포로의 활동은 자기 보호를 위한 자구책의 방편이라는 성격이 강했던 것이다. 반공청년단보다 먼저 만들어진 친공포로의 조직은 북한의 용의주도한 계획과 지령, 그리고 자금 지원을 받아서 만들어졌다. 또 투쟁활동 분야에 있어서 과거에 실질적인 경험을 쌓았던 전문가들이 핵심 역할을 담당하고 있었기 때문에 활동력이 뛰어나고 북한 핵심부의 면밀한 지령을 받고 있다는 강점이 있었다.

반면에 반공포로의 조직인 대한반공청년단은 자연발생적인 것으로서 그 조직력은 친공포로에 미치지 못하는 편이었다. 이들은 오직 공산주의에 대한 강렬한 적개심과 좌익포로의 횡포를 저지해야만 살아남을 수 있다는 생존본능적인 동기에 의해 가담한 인물들이었다. 그래서 조직이라든가 투쟁이라는 면에서는 분명 아마추어적인 수준일 수밖에 없었다.

한 가지 분명한 것은 반공청년단을 발족시킨 핵심요원들의 주류가 과거 북한에서 공산주의의 학정을 뼈저리게 체험한 사람들이었기 때문에 이들의 반공의식이 투철하다는 점이었다. 그들은 불리한 조건하에서도 자유를 쟁취하고 공산주의를 타도하기 위해 결사적으로 싸울 각오로 뭉친 반공애국청년들이었으므로 반공정신이 강하고, 결속력이 굳건하였던 것이다. 또한 친공조직이 유엔군, 특히 한국군 경비대의 의혹과 감시를 받는다는 약점이 있는 반면, 반공청년단은 유엔군과 한국군 경비대의 후원 및 지원을 받는다는 강점이 있었다. 특히 포로수용소 내에서 공개적, 비공개적으로 활동하는 한국 군인과의 연결은 반공포로와 반공청년단에 적지 않은 도움이 되었다.

이후 반공청년단은 동조 세력을 규합하는 한편, 북한에 있는 부모

형제에게 미칠 위해가 두려워서 눈물을 머금고 자유를 포기하려는 가련한 동지들을 위해 헌신적인 노력을 전개한 결과 많은 북한 포로들을 반공포로로 전향시킬 수 있었다. 또한 친공포로들의 각종 방해공작에도 불구하고 포로 심사라는 유엔군의 어려운 사업의 진행에 적극적으로 협력하였다.

3부

휴전협상과 포로문제

1장
휴전협상 의제 제4항

1951년 7월 10일, 드디어 전 세계가 주시하는 가운데 개성에서 휴전협상이 시작되었다. 전쟁이 발발한 지 약 1년이 지난 시점이었다. 미국과 공산 측은 이 협상을 정치적·영토적 사항에는 일체 저촉됨이 없이 오로지 군사문제에만 국한시켜 토의하기로 합의하고, 군인들을 협상 대표로 참석시켰다. 회의 첫날 제1차 회담에서 유엔군 측 수석대표 조이(C. Turner Joy) 제독은 개회사에 이어 장차 협상에서 논의되어야 할 9개항의 의제를 제시했는데, 이 제안사항 중에서 포로와 관련된 내용은 제2항과 제9항이었다. 한편 공산군 측 대표 남일은 유엔군 측 대표가 제시한 안건에 대해 몇 가지 반론을 제기하면서 5개항으로 된 협의사항을 제시하였다.[21]

이때 포로에 관련하여 양측이 제안한 의제를 비교해 보면 유엔군 측은 포로수용소 방문문제를 매우 중요시 했던 반면, 공산군 측은 포로수용소 방문에 대해 격렬한 거부 반응을 나타냈다. 과거 제1, 2차 세계대전에서 포로문제는 포로 당사자의 일이었을 뿐만 아니라 그 가족 및 국민 전체의 문제가 되었으며, 동시에 여론과 정치에 관련된 사안이 되었었다. 따라서 미국은 이 일의 실현에 큰 관심을 기울여서 포로수용소 방문에 관한 사항을 '인도적인 문제'로서 논의할 것을 강력히 요구하였다. 그러나 공산군 측 대표 남일은 이 회담을 '군사 사항에 한정'하여 토의하자고 했던 조이 대표의 주장과 '인도주의'가 서로 모순된다는 점을 들어 유엔군 측의 제의를 반박하였다.

안건 자체에 대해 공산군 측이 그처럼 격렬하게 반대한 이유는 과연 무엇이었을까? 남일 대표가 내세운 논점 그 자체는 오히려 표면적인 이유에 지나지 않다는 것이 그 당시에 이미 알려진 사실들과 그 후의 조사에서 판명되었다. 즉 그 실질적인 이유는 지극히 열악한 북한의 포로수용소 실정이라든가 비인도적인 포로관리 실태에 있었던 것이다. 북한 포로수용소의 실상이 공개될 경우 공산주의 세계의 비참성이 드러날 뿐만 아니라 세계 여론의 비난을 받게 될 것이 두렵기 때문이었다.

유엔군 측은 공산군 측이 회피 내지 반발하고 있는 이 문제에 집착하고 있는 한 협상이 순조롭게 진행되지 않을 것으로 보아 이 안건에서 일단 양보하고 상대방으로부터 다른 양보를 얻어내는 쪽이 더 실리가 있다고 판단하였다. 또 남일이 말했듯이 교섭 타결만 조속하게 이루어진다면 이 문제는 자연히 해결될 수 있을 것으로 생각되었기에 유엔군 측은 우선 공산군 측의 주장을 수용하기로 결정했다. 결국 국제적십자사 대표의 포로수용소 방문문제를 유엔군 측이 양보한 선에서 타협이 이루어졌으며, 양측이 5개항의 의제에 최종 합의를 봄으로써 의제 채택이 마무리되었는데, '포로에 관한 협의'는 그 중 제4항에 포함되었다.

그런데 전쟁을 마무리하는 회담에서 '협의할 사항을 협의'하는데 16일이라는 오랜 시간이 소요된 경우는 역사상 유례가 없었다. 쌍방이 발표한 협의사항은 번역상의 문제도 있었지만 뉘앙스 자체에도 미묘한 차이가 있었다. 특히 이후 휴전협상에서 가장 다루기 어렵고 장시간이 소요된 제4항의 포로문제에 대해 유엔군 측은 '전쟁포로에 관한 협정(arrangements relating to prisoners of war)'이라고 단순하게 생각하여 특별한 문제가 있는 것으로 보지 않았다. 반면에 공산군 측은 '전쟁포로 조치에 관한 문제'로 받아들여 논쟁과 분규를 예상하고 있었던 것 같았다. 이와 같은 미묘한 해석과 이해 방식의 차이가 이후의 협상을 복잡하게 하고 전쟁을 15개월이나 더 지속하게 만든 주요 요인이 되었다.

휴전회담장에서 포로문제를 토의하기 시작한 시기는 1951년 12월 11일이었다. 쌍방은 먼저 각자가 보유하고 있는 포로 명부를 교환하였다. 이때 유엔군 측이 공산군 측에 넘겨준 포로 명부에는 13만 2,474명의 명단이 들어 있었던 반면,[22] 공산군 측이 유엔군 측에 넘겨준 포로 명단에는 모두 1만 1,559명이 등재되어 있었다.[23] 전쟁 중 실종된 10만 명의 아군 중에서 7만 5,000명 정도가 공산군에 포로가 되었을 것으로 추산하고 있던 유엔군 측은 공산군 측으로부터 받은 명단을 보고 크게 놀랐다. 이 현황은 북한 측이 포로로 했다고 이미 공개했던 숫자에도 훨씬 못 미치는 것이었다.[24]

공산군 측이 제시한 포로 명부의 숫자가 너무나 적었기 때문에 유엔군 측에서는 공산군에게 붙잡힌 아군 포로들이 어디론가 사라졌거나, 공산군 측이 그들을 숨겨두고 축소된 숫자를 제시하고 있다고 의심할 수밖에 없었다. 회담이 재개되었을 때 유엔군 측 대표단은 공산군 측이 적어도 5만 명 이상의 포로를 명단에서 누락시켰다고 항의했다. 이에 대해 공산군 측 대표단은 도망하거나 유엔 공군의 폭격으로 사망하거나, 또는 귀향하도록 전선에서 석방된 사람들 때문에 그런 차이가 발생했다고 변명하였다.

반면에, 공산군 측도 유엔군 측이 제시한 포로 숫자가 예상외로 적다고 불만을 나타냈다. 유엔군 측이 제시한 포로 숫자는 이전에 유엔군 측이 제네바 국제적십자사로 통보했던 인원보다 적은 것이라고 공격했다.[25] 유엔군 측은 철저한 조사를 통해 대한민국의 민간인으로 확인된 3만 7,000명을 명단에서 제외시켰다고 해명했다. 그러나 이런 상황에서 포로 숫자의 차이를 상대방에게 납득시킨다는 것은 어려운 일이었다. 이에 따라 유엔군 측은 정확한 전체 포로들을 재조사하여 정확한 명부를 작성할 것을 약속했는데, 이후 유엔군 측이 넘겨준 수정된 명단에는 11만 1,360명의 한국인과 2만 720명의 중국인, 합계 13만 2,080명이 들어 있었다.[26] 한편, 공산군 측은 억류 중인 48명의 외국인 명부를 유엔군 측에 제시하면서 휴전 성립 후에는 무조건 석방하겠다는 약속 외에는 아무런 변화를 보이지 않았다. 이리하여 포로의 숫자에 대해서 쌍방은 다 같이 실망하고 불신감에 사로잡히게 되었으며, 서로 상대방을 증오하는 감정을 품게 되었다. 결국 문제를 해소하기 위해 주고받은 포로 명단 그 자체가 무서운 논쟁의 대상이 되고, 휴전회담 진전의 장애요인이 되어버렸던 것이다.

2장

자원송환과 강제송환 논쟁

휴전회담 진행상의 또 하나의 큰 장애요인은 포로의 송환문제였다. 전쟁이 끝나면 당연히 원래의 소속 군대 또는 국가로 돌아가는 것이 당연한 포로들 중에 송환을 거부하는 자들이 있어서 문제가 된 것이었다. 제네바 협약에는 적대행위가 종료되는 대로 신속히 포로를 송환하도록 되어 있다. 그런데 심사과정에서 수만 명으로 추산되는 포로들이 북한이나 중국으로 돌아가기를 거부하는 것으로 나타났다. 이들은 본국으로의 귀환을 원치 않는다는 정도가 아니라, 만일 강제로 송환된다면 "죽어버리겠다."는 정도로 강력한 반발을 보였다.

공산군 포로의 신원과 사정은 매우 복잡했다. 그들 중에는 북한 출신이 있는가 하면, 남한 출신이 있고, 정규 인민군 출신의 포로가 있는가 하면, 그렇지 않은 포로가 있었다. 그렇지 않은 포로의 성격은 더욱 복잡했다. 공산포로 중에서 송환을 거부하는 포로는 남한 출신자 또는 적에게 잡혀 강제로 인민군에 편입되었다가 다시 유엔군에 포로가 된 국군 장병들이 주류를 이루었다. 하지만 원래 북한 지역 출신 또는 북한군 출신도 많이 있었다. 중국군 포로 중에서 송환을 거부하는 부류는 중국 내전 때 공산군에 항복한 국민당군이 대부분이었는데, 그들은 중국 대륙이 아닌 대만으로 가기를 원하였다.

협상이 시작된 직후에 유엔군 측은 "포로의 송환 여부는 포로 자신의 뜻에 따라 결정되어야 한다."는 '자원송환(voluntary repatriation, 자유송환이라고도 함) 원칙'을 제기하였다. 미국은 이 방안이 심리전을 크게 고양할 수 있을 것이라는 측면에서 고려하기 시작하였다. 즉 많은 사람들이 본국으로 돌아가기를 기피한다는 사실 자체가 공산주의 체제의 부실함을 입증하는 것으로서 '공산 진영과 민주 진영 간의 이념 투쟁이라는 측면에서 볼 때 바람직한 조치가 될 수 있을 것'이라고 생각했다.

또 그들을 자유세계에 포용함으로써 공산주의에 대한 선전에 활용할 수 있을 것으로 보았다. 뿐만 아니라 유엔군에게 붙잡힌 포로 중에서 본인이 원하지 않으면 본국으로 돌려보내지 않는다는 사실이 알려지면 야전에서 유엔군 측으로 투항해 올 공산군 장병들을 안

심시키는 데 도움이 될 것이며, 그들의 사기를 저하시킬 수도 있을 것이었다. 이와 함께 인도주의적인 면이 고려되었다. 스스로 항복하는 자에게는 안전과 안식처를 제공하겠다는 유엔군의 약속을 지켜줄 수 있다는 측면에서 이 방안은 장점이 있는 것으로 판단하였다. 특히 이런 정책은 '유엔군사령관의 약속에 대한 신뢰를 구축할 뿐만 아니라, 폭력으로부터 피난처를 제공한다는 유엔의 원칙을 준수한다는 면에서 상당한 가치가 있는 것'으로도 평가되었다.

그렇지만 이 제의에 대해 공산군 측 대표들의 거부반응은 예상외로 격렬했다. 그들은 온갖 수단과 논리를 동원하여 비난의 강도를 높였고, 제네바 협약의 규정을 근거로 하여 모든 포로의 강제송환을 주장하며 전체 포로를 맞바꾸는 방안을 제기하였다. 제2차 세계대전 종료 후 소련이 독일 및 일본군 포로들을 소련의 복구사업을 위하여 장기간 강제로 억류했던 일이 있었다. 이런 사태의 재발을 방지하기 위하여 1949년 제네바에서는 포로에 관한 협약을 체결했는데, 그 규정의 기본 취지는 포로의 신속한 송환에 있었다. 따라서 이 규정은 논란의 여지가 없을 만큼 명백하게 인도적이며 그 규정대로 한다면 소련이 저지른 것과 같은 잔인한 포로 취급은 재발하지 않을 수 있을 것으로 생각되었다. 그렇지만 이 협약은 포로가 본국으로의 송환을 희망하지 않을 수도 있다는 가능성을 전혀 고려하지 않은 맹

점을 안고 있었다. 바로 그러한 모순점이 6·25전쟁에서 처음으로 나타났던 것이다. 현실적으로 귀환을 거부하는 포로가 있음에도 불구하고, 제네바 협약 상으로는 이와 같은 예외사항이 인정되지 않게 되어 있었다. 요컨대 제네바 협약 수정 때에 예상하지 못했던 상황들이 6·25전쟁에서 발생하였다는 점, 그리고 이 협약의 조항을 적용하거나 또는 적용하지 않을 경우에 쌍방이 얻게 될 이익과 손해가 극단적으로 상반된다는 점이 문제를 풀기 어렵게 만들었다.

휴전협상 테이블에서는 포로송환의 방법을 두고 쌍방 간에 자원송환과 강제송환에 대한 논쟁이 뜨겁게 이어졌다. 협상 후반에 유엔군 측은 자원송환의 명칭을 '비강제송환(no forced repatriation)'으로 바꾸었으나 그 근본적인 내용은 달라지지 않았으며, 한편 공산군 측 대표들의 태도도 달라지지 않았다. 이처럼 쌍방의 의견이 너무나 극명하게 대립되는 양상이 전개되면서 포로송환문제는 교착상태를 면치 못했다. 감정문제와 체면, 의지문제, 그리고 개인의 권리 대 다수의 권리, 인권 대 법적 권리, 인도주의 대 공산 측의 자존심이 복잡하게 엉켜서 이 문제는 휴전회담 최대의 쟁점이 되었고 협상의 진전을 예측할 수 없을 정도로 어렵게 만들었다. 이미 조기 휴전의 희망은 사라졌다. 그렇다고 하더라도 여기서 다시 1년 반을 더 기다려서 휴전이 되리라고 예상한 사람은 아무도 없었다.

3장
미국의 입장과 협상전략

휴전협상에서 공산군 측 당사자는 북한과 중국이었고, 유엔군 측 당사자는 한국과 미국이었다. 그러나 협상이 진전되는 과정에 유엔군 측에서 한국은 점점 배제되고 미국만이 주도적인 역할을 차지하게 되었다. 이렇게 된 것은 한국이 휴전을 반대하는 입장에서 휴전회담 자체를 거부했던 점이 한 가지 원인이었다. 그러나 무엇보다도 미국의 정책과 협상 방식에 더 중요한 원인이 있었다. 가능한 한 휴전회담을 조속히 진행시켜 전쟁을 조기에 끝내려 하였던 미국으로서는 휴전을 반대하는 한국과 공동보조를 취하기 어렵다고 판단하였기 때문이다.

그러므로 한국이 배제된 이런 상황 하에서 휴전협상에 임하는 유엔군 측의 기본 방침이란 곧 미국의 정책을 의미하는 것이었다. 포로문제 협상에 임하는 미국의 입장은 인도주의적인 면은 고려하지만, 그것이 지금 적군에게 붙잡혀 있는 아군 포로의 송환에 장애요인이 되어서는 안 된다는 것이었다. 여기에는 그 숫자가 얼마가 되든지 간에 적의 포로는 문제 삼지 않고 아군의 포로를 되돌려 받는 일이 가장 중요한 기준이 되었다. 또한 제네바 협약의 제한 조항과 장차 전쟁에 나쁜 영향을 미칠지도 모르는 전례를 남겨서는 안 된다는 점도 포함되어 있었다.

그럼에도 불구하고 미국은 '자원송환'의 이점을 포기할 수 없었다. 휴전협상에서 유엔군 측이 처음으로 이 문제를 제기한 것은 1952년 1월이었다. 이때만 해도 미국 측은 자원송환 원칙을 고수할 강한 의도는 없었다. 회담의 진전에 따라 적당한 선에서 타협하든지, 또는 방침을 바꿀 가변성을 염두에 두고 있었던 것이다. 포로문제를 다루는 관계자들 중에는 자원송환이 제네바 협약에 정면으로 위배되고 있기 때문에 이 문제에 집착하여 휴전협상의 진전을 어렵게 만드는 것은 득책이 되지 못할 것으로 생각하는 사람도 있었다. 자원송환의 심리전의 효과는 포기하기 어렵지만, 이로 인해 교섭이 지연된다면 자연히 전쟁이 장기화되어 사상자의 증대를 피하기 어렵게 된다는 점을 그들은 고려했던 것이다.

이 논쟁에서 핵심은 1) 귀환한 후에 생명의 위협을 받게 될 포로를 강제로 송환하는 것은 인도주의에 어긋난다는 주장과, 2)유엔군 포로를 안전하게 귀환시키는 것이 절대적으로 중요하기 때문에 이를 위해서는 강제송환 및 전체 교환도 불가피하다는 주장이었다.

대체로 전자의 경우가 우세했으나 어떻게 그것을 관철할 것인가 하는 방법에 대해서는 결정적인 묘안이 나오지 않았다. 자원송환이 바람직하다는 점에 있어서는 전반적으로 뜻이 일치되고 있었으나, 공산군 측의 반발이나 보복조치, 세론의 반응 등을 고려해 볼 때 좋은 방책이 되지 않는다는 생각이었다. 본래 미국 정부가 유엔군사령부에 하달한 협상방침은 일단 자원송환으로 밀어보지만, 아무래도 안 될 경우 '전체 대 전체 교환'에 동의하고 조기협상을 추진해야 한다는 것이었다. 그리하여 휴전협상에서 포로문제에 임할 때 유엔군 측 대표는 "일단 자원송환을 위해서 1:1 교환을 제기해 보지만, 받아들여지지 않으면 어쩔 수 없다."고 하는 모호한 태도를 가졌다.

그러나 협상을 위해서라고는 하지만 일단 제안한 방침을 쉽게 철회할 수가 없었다. 그래서 유엔군 측 대표는 제네바 협약은 언급하지 않고, 공산군 측이 이미 시행한 포로 석방 전례를 대응논리로 삼았다. 북한군은 전쟁 초기에 생포한 한국군 장병들에게 "석방을 원하는가, 아니면 북한군에 입대할 것을 원하는가를 선택케 했다."고

언급한 바 있었다.[27] 포로 자신에게 선택권을 주었으므로 유엔군 측도 바로 그 '자유 선택의 원칙'을 적용하려 한다는 것이었다. 만일 그 포로들이 진실한 북한군 '지원자'들이라면 유엔군에게 체포된 공산군 포로들도 마찬가지 이유로 '자유 선택의 권리'를 가져야 한다고 주장하였다. 그리고 공산군이 체포해 간 약 5만여 명의 남한인들의 거취에 대한 해명이 없는 사실도 따졌다. 더불어서 유엔군 측은 제2차 세계대전 당시의 사례를 인용하였다. 즉 1943년 1월 소련은 그 당시 스탈린그라드에 포위된 독일군에게, 항복하는 자는 종전이 될 경우 누구나 자유의사에 따라 독일 또는 각자가 선택하는 국가로 송환할 것임을 약속한 전례가 있음을 제시하였다. 또한 유엔군 측은 제네바 협약의 정신이 개인을 보호하는 것이므로 특별협정을 맺으면 자원송환은 법적으로 저촉되지 않는다는 점에 착안하여 인도주의의 측면은 물론이고, 법적인 측면에서도 상당한 근거를 제시했다.[28] 그러나 이런 근거나 사례에도 불구하고 공산군 측은 순순히 양보하지 않았다.

유엔군 측은 공산군 측도 싫어하고, 미국 국민들도 좋아하지 않을 난처한 입장에 처하게 되었다. 비록 트루먼(Harry S. Truman) 대통령이 포로의 강제송환은 '자유세계의 이념에 모순되는 행위'라고 선언하여 세계적인 지지와 갈채를 받고는 있지만, 이것은 미국 국내에서 전적으로 인기가 있는 것만은 아니었다. 대다수의 미군 포로와 그의 가족들은 송환을 거부하는 반공포로들 때문에 자신들이 진저리나는 포로생활을 계속하여야 할 이유가 없다고 생각하였다. 더욱이 반공 포로들이란 한때 그들과 총부리를 겨누었던 적군들로서 인도적, 정치적인 선택 등의 유례가 드문 그들의 사치행각 때문에 자신들이 희생되어야 할 이유가 없다고도 생각하였다.

이처럼 휴전협상이 포로 문제로 어려움을 겪게 되자 미국은 공산군 포로를 가능한 한 많이 공산 측으로 송환시키려고 하였다. 당초 침략자인 공산군을 물리치고 압록강까지 힘을 펼쳐 보이려던 미국의 열정은 휴전회담이 개시됨으로써 냉각되기 시작하였고, 대부분의 미국 국민들은 수락할 만한 조건 하에서 명예로운 휴전을 원하였다. 이런 시점에 미국 측으로서는 송환 거부자가 많은 것이 반갑지만은 않았던 것이다. 왜냐하면 송환을 거부하는 포로가 많으면 많을수록 공산군 측의 반발이 클 것이며, 이것은 휴전회담 진전에 장애 요인으로 작용할 가능성이 높기 때문이었다. 요컨대 여러 가지 이유를 들어 각자의 조국으로의 귀환을 거부하는 다수의 공산군 포로들은 미국 국민들이 갈망하는 평화를 가로막는 장애물인 셈이었다. 이 무렵 미국은 대통령 선거년도를 맞이하고 있었으므로 군사적인 문제가 정치와 여론의 문제로 비화될 가능성도 높았다. 그래서 유엔군 당국은 포로를 가능하면 송환희망 쪽으로 분류하려고 시도하였다.

포로송환문제를 풀기 위한 하나의 방안으로서 유엔군사령관 리지웨이(Matthew B. Ridgway) 대장은 유엔군 포로와 공산군 포로를 1:1 기준으로 교환하는 방안을 제시하였다. 이것은 동수교환(同數交換)으로서 한쪽에서 한 명을 보내면 상대도 한 명을 보낸다고 하는 교환방식이다. 유엔군 측이 공산군 측보다 더 많은 포로를 보유하고 있으므로 이 방식으로 하면 제네바 협약에 위배되지 않고 유엔군의 포로가 전부 돌아올 때까지 공산 측으로 돌아가고 싶어 하지 않는 포로들을 남겨둘 수가 있을 것이기 때문이었다. 이렇게 한 후에 남는 포로에 대해서는 본인의 의사에 따라 송환을 결정하도록 하면 된다는 것이었다.

그는 유엔군 측이 인도적인 측면도 고려해야 하지만, 그들 자신의 포로에 관한 안전을 희생하게 되는 것과 관련된 해결 방안은 피해야 된다고 생각하였다. 그럼에도 불구하고 미국 합동참모본부는 인도적인 면을 중시하는 방안을 찬성하는 쪽으로 기울어졌다. 당시 군수뇌부는 자원송환을 심리전의 무기로서 높이 평가했던 것이다. 미국 정책 당국은 자원송환의 원칙을 포기할 수도 있다는 이전의 입장에서 반드시 고수해야 한다는 입장으로 변해가고 있었다.

더욱이 이즈음 세계의 여론은 인도적인 견지에서 자원송환에 대하여 찬의를 보이기 시작했다. 자원송환의 법적인 근거가 희박하다는 것을 알고 있으면서도 감정적인 면을 선호하는 여론은 '실정에 맞는 방식' 또는 '최선의 방법'이라고 하면서 이 방식에 성원을 보내고 있었던 것이다. 이렇게 여론이 자원송환 쪽으로 기울기 시작하자 미국 정부와 연합국들도 자원송환의 결의를 굳히기 시작했다. 그리고 언론들도 '유엔의 파병목적에 비추어 보더라도' 또는 '자유민의 인권 수호를 위해서'라는 슬로건을 펼치고 '유엔의 명예를 내걸고 자원송환을 관철해야 한다.'는 논조를 펴기 시작했다.

유엔군 측은 처음 자원송환 방안을 제기하면서도 자신이 없었다. 그런데 북한이 한국군 포로를 '본인의 의사'에 따라 인민군에 편입했다는 사실이 확인되고, 전쟁 종료 시 포로의 즉각적인 송환 이상으로 포로의 안전을 우선해야 한다는 제네바 협약의 인도주의적인 정신이 부각되면서 미국 측은 자원송환에 대한 힘을 얻게 되었다. 여기에 세계의 여론이 인도주의 측면에서 유엔군 측의 입장을 두둔함으로써 미국은 이 방안을 강력하게 밀어붙이게 되었다.

결국 미국의 태도는 교섭이 시작된 후 3개월이 지나서야 자원송환을 견지하기로 결정된 셈이었다. 당초에는 상대방의 태도를 보아서 결정한다고 하는 애매하고도 기회주의적인 태도였다가 상대방으로부터 자극을 받으면서 어느 사이에 자원송환의 결의를 굳히게 된 것이다. 미군 측은 한때는 약세에 처했던 일도 있었지만, 이제 정부로부터 강력한 지원을 받게 되자 마침내 '일방적 석방'이라고 하는 강경론에까지 이르게 되었다. 그리고 여기서 한 걸음도 물러서지 않겠다는 입장을 취하게 되었다.

포로문제가 세계적 이념전의 무대로 발전되고, 미국 내 여론과 참전 각국의 여론도 자원송환을 지지함에 따라 트루먼 대통령은 이 원칙을 고수해야 한다는 방침을 굳히게 되었다. 그는 포로의 생명이 위태롭게 될 가능성이 있는 어떤 협정도 수락하지 않는다는 성명을 발표하였다.

휴전협상에서의 침체된 상황을 타개할 수 있을 듯이 생각되었던 포로 분류심사도 결과적으로는 오히려 협상을 더욱 침체시키고 말았다. 송환을 거부하는 포로의 숫자가 예상외로 많은 사실과 유엔군 측 대표의 불완전하고 부정확한 자료가 양측에 오판을 유발하게 만들었던 것이다. 자원송환 원칙을 내세우는 미국 측으로서는 피할 수 없는 부담을 짊어진 셈이 되었고, 이에 대항하여 강제송환을 고집하는 공산군 측도 물러서려고 하지 않았다. 이렇게 되면서 휴전협상은 교착상태에 빠졌다.

4장

공산군 측의 입장과 태도

유엔군 측이 협상테이블에서 포로의 자원송환 원칙을 제기하자 공산군 측은 거세게 반발했다. 북한의 입장에서 볼 때 자원송환을 하게 되면 돌아올 포로의 숫자가 적게 될 가능성이 높으므로 원래 인적 자원이 적은 북한으로서는 당장 문제가 되지 않을 수 없었다. 중국으로서도 중국군 포로를 대만으로 보낼 경우 그들의 체면은 말할 수 없을 정도로 손상될 것이 뻔한 일이었다. "지원하여 이 전쟁에 참가했다."고 하는 그들의 주장도 근거가 없어지고, 또한 돌아가고 싶지 않을 정도로 중국은 살기가 나쁜 나라라는 것이 알려지고 말 것이었다. 포로들의 신념이 어떠하든 간에 공산군 측은 다수의 포로들이 '변절'한 사실을 공식적으로 시인할 수가 없었던 것이다.

유엔군 측이 제기한 자원송환에 대해 공산군 측이 제시한 반대 근거는 '전투행위가 종료되면 억류하고 있는 포로를 즉각적으로 송환한다.'는 제네바 협약 제118조였다. 이 협약은 국제법상의 규범으로 인정을 받고 있었기 때문에 이것을 전형으로 삼아 무조건 포로를 송환해야 한다는 공산군 측의 주장은 나름대로 타당성이 있다고 할 수 있었다. 그렇지만 이런 주장은 유엔군 측의 반발에 부딪혔다. 자원송환의 반대 근거로 공산군 측이 제네바 협약의 규정을 제시한데 대해 유엔군 측도 제네바 협약, 그 중에서 인도주의적인 면을 논리적 근거로 삼았던 것이다. 한 걸음 더 나가서 제네바 협약의 조항에는 포로의 즉각적인 전원 송환이 규정되어 있지만, 과거에 소련이 제네바 협약의 적용을 무시한 적이 있었고, 북한은 6·25전쟁에서 이 협약을 이미 위반했기 때문에 이러한 위반 전례에도 불구하고 공산군 측이 제네바 협약 준수를 주장하는 것은 이치에 맞지 않으므로 유엔군 측에게만 그 법을 준수하라고 강요할 수는 없다는 반박을 받았다. 소련과 북한이 국제법을 지키지 않았다면 유엔군도 공산군 측의 전례를 적용할 수 있으며, 이러한 조치를 틀렸다고 할 수 없다는 것이 공산군 측으로 돌아온 유엔군 측의 반대 이유였다.

포로 송환 방법에 대해 논쟁을 계속하는 중에도 공산군 측 대표는 귀환하게 될 포로의 '대체적인 숫자'를 궁금하게 생각하고 있었다. 그래서 유엔군 측 대표에게 그 숫자가 얼마나 될 것이냐고 물었는데, 유엔군 측은 그 숫자가 대략 11만 6,000명 정도가 될 것이라고 알려 주었다. 이 숫자는 송환 대상 인원의 약 88퍼센트에 이르는 것으로서 전체 포로 중에서 약 1만 6,000명이 송환을 거부할 것이라는 판단에서 나온 예상 수치였다. 송환 가능한 포로가 이렇게 많이 제시된 것은 당시 휴전회담에 호응하지 않고 있는 공산군 측을 어떻게 하든지 움직여 보려는 의도에서 나온 것이었다.

이 숫자는 추측이라는 단서를 붙이긴 했지만 분명히 공산군 측의 호기심을 끌었다. 그들은 이 숫자만큼 인원을 복귀시킬 수 있다고 생각하였던 것이 분명하였다. 그래서 송환을 강력히 반대하는 포로의 숫자가 1만 6,000명 이상이 되지 않을 것을 기대하고, 최종적인 명단을 교환하기 위한 준비 단계로서 대략적인 송환거부 인원수를 알고자 하는 희망을 표명하였다. 이 사실을 확인하기 위해서 공산군 측은 포로심사를 제의하였으며, 유엔군 측도 이 제의에 동의했다.

나중에 밝혀진 일이지만 이 숫자는 전혀 현실과 맞지 않는 것이었다. 송환거부 포로의 숫자가 훨씬 많게 나타났기 때문이었다. 그것은 유엔군 측의 명백한 전술적 실수로서 이런 엉터리 예상 추정치를 제공한 데 대해 유엔군 측은 값비싼 대가를 치르지 않으면 안 되었다. 자원송환을 반대하는 공산군 측이 귀환을 반대하는 인원수가 예상 외로 많다는 사실에 더욱 태도를 굳히게 되었던 것이다. 공산군 측은 유엔군 측이 주장하는 자원송환에 단호하게 반대한다는 입장을 고수하면서 굳은 태도로 일체의 논의를 생략한 채 포로의 자유의사에 따른 포로송환안을 철회할 것을 요구하면서 쌍방이 억류하고 있는 포로 전체를 일괄 교환하자는 안[29]에 동의하지 않는 한, 협상을 계속할 수 없을 것이라고 역설하였다.

법규의 해석이나 사례의 적용문제는 양측의 입장 차이를 좁히지 못했다. 어느 한 방안을 선택했을 때 발생할 손해를 감수할 의사가 전혀 없었기 때문이다. 공산군 측의 이런 강경한 태도는 유엔군 측에게 큰 압박요인이 되었다. 한때 송환거부 포로를 민간인으로 처리하여 석방한다는 방침을 수립하고 이를 이승만 대통령에게 알리기까지 했던 유엔군 측 대표가 곧 이런 방침을 수정하기로 한 것은 공산군 측의 반발로 휴전협상이 난관에 봉착할 것을 우려한 때문이었다. 그리하여 1953년 5월 25일 비밀회의에서 공산군 측은 유엔군 측이 며칠 전에 제기한 제안을 철회하는 방안으로 협정을 체결하기로 하였으므로 포로 교환문제에서 공산군 측이 유엔군 측을 끌고 가는 양상을 보였다. 이렇게 해서 결국 포로송환문제는 유엔군 측의 자원송환원칙을 기본으로 하면서 그 세부적인 방법은 공산군 측의 제안을 대폭 수용한 방식으로 처리되게 되었다.

5장
한국의 입장과 태도

미국이 휴전을 모색하면서 한국에 그 방침을 공식적으로 통보한 시기는 1951년 6월 26일이었다. 소련 외무부장관 말리크(Jacob Malik)의 성명과 중국의 휴전회담 찬성 표명이 전 세계에 전파된 이틀 뒤의 일이었다. 이날 유엔군사령관 리지웨이 장군은 이승만 대통령을 방문하여 "워싱턴의 지령에 따라 말리크의 제안을 받아들여 휴전교섭에 응한다."는 뜻을 알려왔다. 유엔군사령관으로부터 미국의 뜻을 전달받은 이 대통령은 이 자리에서 휴전 반대의 뜻을 분명히 표명하였다. 그는 침략자인 공산군을 철저히 응징해야 하며, 이 시기에 남북통일을 완수해야 한다는 신념을 지니고 있었던 것이다. 그러나 이 대통령과 한국 정부의 반대에도 불구하고 휴전회담이 시작되었고,

미국은 한국에 그 이상의 통지를 보내오지 않았다. 휴전회담의 한국 측 대표로 백선엽 장군을 임명한 유엔군사령부는 그에게 회담 내용을 한국 정부에 알려주지 말라고 하였다.[30] 이렇게 됨으로써 한국 국방부와 육군본부는 단지 외신이 보도하는 내용 외에는 휴전회담이 어떤 주제로 어떤 절차에 의해서 어떻게 교섭되는지 알기 어렵게 되었다. 외무부도 마찬가지였다. 국가의 운명을 좌우하는 중대한 회의가 열리고 있는데도 당사자인 한국 정부는 속수무책의 처지가 되고 말았던 것이다.

휴전협상을 추진하는 과정에서 미국과 한국의 괴리는 처음부터 이렇게 뚜렷이 나타나기 시작했다. 그리고 휴전회담이 미국의 주도로 이루어지고 있는 실정이었으므로 한국은 미국을 상대로 그 뜻을 표명하게 됨으로써 휴전을 반대하는 의사 표시도 결국 미국을 공격하는 모양이 되었던 것이다. 미국은 가능한 한 조기에 휴전을 성립시키려고 하였던 반면, 한국은 한반도의 분단을 고착시킬 휴전에 반대하는 입장을 굽히지 않았다. 한국 정부 및 이승만 대통령의 휴전 반대 투쟁은 한국 국민의 생존권이 걸려있는 결사적인 문제였다.

1951년 11월 초 휴전회담장에서 포로문제가 논의되기 시작하자, 이 시점부터 한국 정부와 한국 국민의 휴전 반대는 포로송환문제를 주요 쟁점으로 하게 되었다. 한국 측은 북한군에 강제로 편입된 한국군을 모두 석방할 것과 유엔군 측에 억류되어 있는 한국인 포로를 강제로 돌려보내서는 안 된다고 주장하였다.[31] 이런 주장은 그 당시만 해도 유엔군 측의 정책과도 일치하는 것으로서 최소한 한·미 관계에서만은 별 문제가 되지 않았다. 반공포로 송환문제를 비롯하여 휴전과 관련된 문제는 본질적으로 공산 측을 증오하고 그들의 위협을 물리치려는 데 있었기 때문이었다.

그렇지만 한국의 기본적인 입장은 휴전 반대였다. 유엔군 측을 대표하여 협상을 이끌어 가던 미국은 처음에는 한국과 이 대통령의 이런 움직임을 무시하는 듯했지만, 협상이 진행되면서 전쟁 당사국인 한국의 태도를 강하게 의식하지 않을 수 없었다. 따라서 휴전 협상 도중에는 공산군 측에 대해서보다 오히려 한국 측에 대해서 더 크게 신경을 쓰는 듯하였다. 왜냐하면 유엔군 측이 공산군 측과 협의하여 휴전협상을 타결한다고 할지라도, 근본적으로 휴전협상의 결과를 적용받고 그 규정을 준수할 주체는 한국이기 때문이었다. 그러므로 한국이 휴전을 인정하지 않고 협정을 지키지 않기로 선언한다면 휴전협상 자체가 근본적으로 성립되지 않을 심각한 문제점이 있었던 것이다.

또 실제로 한국이 작전지휘권 양도를 철회하고 한국군을 유엔군 사령관 휘하에서 빼내갈 가능성도 없지 않았다. 명분상 한국을 위해 싸우고 있는 미국은 공산군 측과의 싸움에 집중적으로 힘을 쏟아야 함에도 불구하고, 이런 여러 이유 때문에 우방인 한국과의 대립에 신경을 쓰지 않을 수 없었다. 양측의 이런 충돌의 중간에는 유엔군사령부가 존재하였다. 그 때문에 이 시기의 유엔군사령관은 많은 시련을 겪었다. 그는 한편으로는 휴전을 추구하는 미국 정부의 정책과 미국 내의 비등하는 여론을, 다른 한편으로는 한국 내에서 타오르는 휴전 반대의 열기를 의식하지 않을 수 없었다. 그는 양측의 사정을 의식하면서 이 대통령을 무마·설득하는 한편, 한국 및 이 대통령의 입장과 처지를 본국에 알려주면서, 양측의 절충과 타협을 시도하는 어려운 일을 수행하였다.

1952년 가을부터 휴회에 들어갔던 휴전회담은 6개월 만인 1953년 4월 26일에 다시 열렸다. 그동안 소련 수상 스탈린이 사망하였고, 미국에서는 아이젠하워가 새로운 대통령이 되어 있었다. 자유, 공산 양 진영의 지도자가 바뀐 사실과 함께 회담장은 상당히 융통성 있는 분위기를 띠었다. 회담이 결렬된 원인이 포로문제에 있어서 공산군 측이 강경한 자세 때문이었으므로 그들이 회담을 재개하자고 제의한 자세의 변화가 포로문제에 관한 진정한 양보의 표시인지 그 여부에 관심이 쏠리게 되었다.

이렇게 휴전회담이 재개되자 이승만 대통령은 휴전에 대해 점점 더, 그리고 공개적으로 반대를 하였고, 그것이 중요한 위험요소로 대두되었다. 그는 현재 고려되고 있는 조건으로는 휴전을 수락하지 않을 것이며, 만일 수락해야 한다면 공산군에게 '독자적으로 대항'할 것이라는 의사를 표명하였다. 한편, 유엔군 포로수용소의 분위기는 혼란과 뜨거운 열기로 가득했다. 반공포로들은 본국 송환을 반대하는 혈서 진정서를 써서 이승만 대통령, 아이젠하워 미국 대통령 및 클라크(Mark W. Clark) 유엔군사령관 등에게 보냈다.

1953년 5월 초순 휴전협상 테이블에서는 반공포로 처리 문제가 쟁점이었다. 공산군 측은 포로를 중립국으로 보내 장기간의 설득기간을 거친 후에 정치적 협상을 통하여 결정하자는 것이었다. 이에 대해 이승만 대통령의 태도는 매우 강경했다. 그는 한국인 반공포로를 중립국에 인계하지 않겠다고 누차 언급하였고, 반공포로의 중립국 이관에 반대하는 태도를 표명하는 성명을 발표하였다. 이 성명 발표는 휴전협상의 유리한 고지를 점령하려는 의도에서 나온 제스처에 그치는 것이 결코 아니었다. 이 대통령은 자신의 주장을 끝끝내 관철시키고 말겠다는 결의에 차 있었다. 그는 반공포로를 공산주의 성향이 강한 중립국 인도(印度)에 넘겨줄 바에는 유엔군사령부와 무관하게 독자적으로 송환거부 포로를 석방할 의사도 없지 않다고 말하였다. 깜짝 놀란 유엔군사령관 클라크 대장은 포로수용소의 한국군 경비병들이 유엔군사령부의 통제를 받고 있다는 사실을 상기시켰다. 반공포로의 처리는 정치적인 결단이 요구되는 문제였으므로 클라크 장군은 반공포로를 즉시 석방시키자는 특별건의서를 본국에 제출하였지만 이 건의는 묵살되었다.[32]

또 클라크 장군은 반공포로들에 대한 공산군 측의 설득이나 심사를 더 이상 허용해서는 안 되며, 휴전 성립과 동시에 송환거부 한국인 포로들을 한국 국민이 되도록 석방해야 된다는 주장을 담은 건의서를 미 합동참모본부에 제출하였다. 그가 이런 건의서를 제출한 것은 이 대통령의 반공포로 송환 반대 및 한국인 포로를 석방하겠다는 결의가 강력한 데서 영향을 받았던 것이다.

며칠 후 합동참모본부로부터 "휴전 성립과 동시에 유엔군사령관 책임 하에 송환거부 한국인 포로들을 석방해도 좋다."는 내용의 승인서가 내려왔다. 클라크 장군은 비장의 권한을 행사할 수 있게 된 데 대하여 매우 기뻐하였고, 곧 이 사실을 이 대통령에게 보고하였다. 그런데 바로 며칠 뒤 공산군 측에 제시할 최종적인 안을 작성하면서 워싱턴은 이 지령을 뒤집었다. 모든 한국인 송환거부 반공포로를 중국군 포로와 함께 중립국송환위원단에 인도한다는 내용으로 바꾼 것이다. 휴전을 매듭지으려는 마당에 포로문제로 공산군 측과 마찰을 일으킬 필요가 없다고 판단한 미국 당국이 포로문제의 신속한 타결을 위해 공산군 측의 주장을 수용하는 방향으로 방침을 변경했기 때문이었다.

이것은 결과적으로 한국 정부를 배신하는 일이었다. 클라크 장군은 깜짝 놀라지 않을 수 없었다. 워싱턴에서는 이런 내용을 이 대통령에게 통보하라는 훈령을 내렸고, 6월 5일 클라크 장군과 브릭스(Ellis O. Briggs) 주한 미국대사는 아이젠하워 대통령의 친서를 가지고 이 대통령을 방문하였다. 이때는 이미 공산군 측이 유엔군 측의 5월 25일 제의를 수락한다고 발표하였기 때문에 포로송환 협정과 함께 휴전협상 체결은 다만 시간문제에 지나지 않는 상황이었다. 클라크 장군은 이 대통령에게 한국이 휴전협상에 순응하면 미국은 한국과 상호안보조약을 체결할 것이고, 그것을 위한 협상은 휴전협상 조인과 동시에 개시될 것이라고 설명하였다.

이날 두 사람이 휴전회담 진전에 따른 미국의 방침을 통보하면서 이 대통령에게 보고한 요지는 다음과 같았다.

① 공산주의자들이 한국에서 휴전조약을 위반한다면 이들과 혈전을 벌인 16개 유엔 참전국들은 일치단결하여 단호히 응징한다는 공동성명을 조속히 발표하겠다.

② 만약 공산 측이 휴전조약을 위배한다면 16개 참전국에 의한 보복

조치는 한국 영토 내에서만 국한되는 것이 아니고 보다 확대될 것이라는 중대한 조항이 포함되어 있다.

③ 미국으로서는 한국군을 20개 사단으로 확장하고 이에 필요한 공군 지원과 해군 지원도 약속한다.

④ 미국은 한국의 경제부흥을 위해 최소한 10억 달러 이상의 원조자금을 제공할 것을 약속한다.

⑤ 특히 한국의 평화가 견고히 확립될 때까지 한국 내에서와 한국 근역에서 미군은 경비태세를 취해줄 것이라는 보다 발전적인 보장을 한다.

이런 보장을 약속하면서 미국 측은 이 대통령에게 다음과 같은 몇 가지 대가를 요구하였다.

첫째, 휴전회담에 대한 반대운동의 전개를 자제해 줄 것.

둘째, 휴전조약이 일단 조인되면 그 이행에 보조를 맞추어 줄 것.

셋째, 무엇보다도 이 대통령은 한국 군대를 유엔군사령부의 휘하에 계속 둘 것

제안사항의 내용도 문제가 되었지만, 유엔군 측이 적에게 최종안을 제시하는 당일 한국 정부에 통고하는 자체가 한국 측의 항의를

받을 일이었다. 이런 항의를 클라크 장군은 당연한 것으로 인정하였다. 휴전의 실제적인 당사자는 역시 한국이며, 휴전이 잘못되어 불행한 사태가 발생하면 그 직접적인 피해자는 한국 국민들이 될 것임을 알고 있었기 때문이다. 어쨌든 미국 측은 이 대통령의 불만을 해소하기 위하여 아이젠하워 대통령의 서신까지도 함께 보냈으나 이 대통령의 실망과 분노는 컸다. 그는 두 사람에게 협력을 보장할 수 없다고 답변하였다.

이후 한국 측의 휴전회담 반대운동은 더욱 심해졌다. 미국 측 제안이 제시되던 그날 휴전회담장에 한국군 대표는 참석하지 않았다. 한국 신문 지상에는 어떤 경로를 통해서 입수되었는지 제안내용이 게재되고 비난이 빗발쳤다. 변영태 외무부장관은 국회에서 유엔군 사령부의 양보를 신랄하게 공격하였으며, 국회는 이 대통령을 굳게 지지한다는 결의를 표명하였다.

그 직후에도 클라크 장군이 이 대통령을 방문하여 설득을 시도하였으나 이 대통령은 아무런 언질을 주지 않았다. 그는 오히려 남한 전역에 '임시비상경계령'을 내리고 미국 주재 한국 관리들을 본국으로 소환하였다. 이 무렵 한국의 휴전반대운동은 최고조에 달하였다. 미국 정부는 제8군 사령관 테일러(Maxwell D. Taylor) 장군으로 하여금 이 대통령을 방문, 사태를 완화시키고자 노력하였다. 이때 이 대통령은 한국 국민의 감정을 보다 진정시킬 수 있는 휴전조건으로 다음과 같은 네 가지 사항을 제시하였다.

첫째, 정치회담 기간을 60일로 제한한다.
둘째, 한미상호방위조약을 체결한다.
셋째, 대한민국 육군 규모를 20개 사단으로 확장하고, 해군 및 공군을 증대시킨다.
넷째, 인도 및 공산국가 대표들의 한국 입국을 금지한다.

한편 이 대통령은 6월 10일 손원일 국방부장관과 백선엽 육군총참모장을 비롯하여 육군본부 참모진 및 군의 주요 지휘관들을 경무대로 불러 훈시를 하였다. 전쟁 중에 그가 주요 장성들을 경무대로 불러들인 것은 이례적인 일로서, 그 당시에는 아무도 몰랐지만 수일 후의 반공포로 석방사건을 일으키기 위한 사전포석이었던 셈이었다.

6장

협상 타결을 위한 유엔의 노력

회담의 시작부터 쌍방의 의견이 대립되고 시간이 오래 걸리게 되자 미국은 군사력의 완승이라는 뒷받침이 없는 교섭의 어려움을 통감하게 되었다. 이런 회담은 미국이 외교사상 처음 경험하는 일이었다. 더 이상의 유혈을 피하기 위해서 교섭에 임했으나 협상이 전쟁보다 더 어렵게 보였다. 사실 이전의 전쟁에서 미국이 포로에 관하여 얻은 경험은 6·25전쟁의 상황 처리에 도움이 될 만한 어떤 기준이 되지 못했다. 그래서 포로문제 처리를 책임지고 있던 미 행정부의 담당관들은 처음에는 이 문제를 단순하게 생각했다가 곧 복잡한 점이 한두 가지가 아님을 인식하게 되었다. 특히 포로를 교환하기 위해서 유엔군 측이 채택한 자원송환 방안은 끊임없는 논쟁거리가 되었다.

유엔군 측과 공산군 측의 포로송환에 대한 기본입장의 차이를 좁히지 못한 채 휴전협상이 개막된 지 15개월이 지난 1952년 9월 결국 회담은 무기휴회로 들어가게 되었다. 그 막바지에 유엔군 측은 일괄타결안, 선택적 제안 등을 제의하며 조기타결을 위해 노력하였으나 돌파구를 찾지 못하였다. 이해 가을과 겨울 사이, 유엔군 측으로서는 이 단계를 어떻게 해결하느냐가 가장 중요한 과제였다. 이 무렵 한국 정부는 휴전 반대 입장을 강력하게 나타냈고, 한국 국민들은 열띤 시위를 전개하고 있었다. 공산군 측은 유엔군 측에 회담 결렬의 책임을 전가시키는 비난을 계속하였다. 또한 판문점 주변에서 유엔군 측이 중립협정을 위반하였다고 주장하는가 하면, 포로수용소에서의 폭동사건을 빌미로 정치적 선전을 강화하였다.

이 시기에 유엔군 측이 전선에서 군사적 압력을 행사했으나, 그것은 회담에서 공산군 측 양보를 얻어내는 데 별 도움이 되지 못하였다. 마침내 유엔군 측은 이 과제를 유엔 자체에 의탁하여 실마리를 풀기로 하고, 1952년 10월 14일에 개최되는 제7차 유엔 총회에 포로문제를 포함한 6·25전쟁 휴전안을 상정하기로 하였다.

원래 자유진영은 유엔에서 한국문제를 토의할 경우 공산군 측이 이를 이용할 가능성이 있을 것으로 예상했다. 그러나 포로문제만을 남겨 놓은 현 시점에서 협상의 조기 해결 가망성이 보이지 않자 미·영 양국은 그 태도를 바꾸기로 하였다. 공산군 측에 어떤 정치적 압력을 가할 필요성이 있다고 판단한 결과 그 교섭 장소를 유엔으로 옮기는데 의견 일치를 보기에 이르렀던 것이다. 한편 공산군 측도 1952년 9월 중순 이미 유엔군 측이 한국문제를 유엔에 이관시키려고 한다는 사실을 간파하였다. 그에 대비하여 멕시코, 인도, 버마 등 각국의 입장을 검토하는 한편, 유엔군 측에 우호적인 국가들의 제안에 대해서는 철저히 거부하도록 결정을 굳히고 있었다.

당시 유엔 회원국들의 편성은 미국을 중심으로 한 참전 16개국을 포함하는 자유진영과 소련을 중심으로 하는 공산 위성국가군, 그리고 아시아, 아랍 등 중립국가군으로 갈라져 있었다. 이러한 분포에 불만을 가진 소련은 유엔 총회 개최 후부터 유엔 기구가 미국을 중심으로 구성되어 있을 뿐만 아니라 그 구성국들이 한낱 미국의 정책 도구에 불과하다는 평가 아래 외무부장관 비신스키(Andrei Y. Vyshinsky)로 하여금 "미국이 휴전회담의 결렬을 획책하고 있다."고 비난하게 하였다.

10월 24일 유엔 정치위원회에서 미국의 애치슨(Dean G. Acheson) 국무장관은 공산군 측이 포로의 비강제송환(자원송환의 변경된 명칭)이라는 기본원칙을 수락한다면 언제라도 기꺼이 판문점에서 회담을 재개할 용의가 있다고 발표하였다. 그리고 영국을 위시한 우방 20개국의 지지를 받은 공동제안으로 소련과 중국에 포로의 자원송환 원칙에 기초한 휴전에 동의할 것을 요청하는 결의문을 제출하였다. 이렇게 함으로써 휴전을 위한 노력은 유엔으로 장소를 옮겨가게 되었다. 동시에 공산 측의 휴전회담의 선전무대도 판문점에서 유엔 총회로 옮겨지게 되었다.

하지만 소련은 미국의 제안에 반대하였는데, 이처럼 미·소 양대 진영의 의견이 정반대로 대립되자 인도를 비롯한 아랍과 중남미 제국들이 중재에 나섰다. 각국의 제안 중에서 관심을 끈 것은 인도의 제안이었다. 그 내용은, 포로의 석방 송환을 실시하기 위하여 4개 중립국으로 포로송환위원회를 구성하되 포로 전원을 비무장지대로 옮겨 송환위원회에 인도한다. 고국으로 복귀를 희망하는 포로는 귀국을 허용한다. 이때 귀환을 반대하는 포로들에 대해서는 그 포로의 당사국 요원이 자기 나라 출신의 포로에게 송환될 권리가 있음을 '설득'한다. 휴전이 성립된 90일 이후에도 귀환을 원치 않는 포로들은 송환위원회에서 정치회담으로 넘긴다는 것이었다.

인도의 제안에 미국이 반대 의사를 나타낸 반면 영국, 캐나다, 프랑스를 비롯한 여러 나라들은 이 제안을 지지하였다. 이렇게 되자 미국도 결의안에 포로의 강제송환을 막을 수 있는 절차를 반영한다면 인도안에 찬성한다는 입장을 취하였다. 이때 인도 대표는 "만일 정치회담에서 30일 이내에 송환거부 포로 처리를 타결하지 못할 경우 포로는 유엔 자체로 이관된다."는 수정안을 내놓았고, 총회에서도 압도적인 지지로 채택되었다. 이에 따라 유엔은 북한과 중국에 이 결의안을 수락하라는 내용의 권고문을 발송하였다. 그러나 중국과 북한이 유엔의 결의사항을 받아들일 수 없다고 거부하므로 인도안에 걸었던 희망은 일단 수포로 돌아가고 말았다.

4부

반공포로 석방

1장

포로의 분리·분산 수용

포로의 소요와 폭동사태를 보면서 클라크 유엔군사령관은 거제도에 집결 수용되어 있는 포로들을 분산 수용하기로 결심하였다. 전쟁이 종결되면 포로문제는 해결되겠지만, 휴전협상이 지지부진한 상태에서 이들 포로는 앞으로 또 어떤 문제를 일으킬지 알 수 없는 대상으로 생각되었다. 무기다운 무기를 가지고 있지 않다고는 하지만, 숫자가 지니고 있는 힘은 막강한 폭력이 될 수 있기 때문이었다.

포로 분산계획은 먼저 거제도의 경비부대를 대폭 증강시킨 후에 전체 포로를 3등분하여 거제도와 제주도, 그리고 육지에 분산시킨다는 것이었다. 그 내용은 당시 분류심사를 통해 분리되었던 포로들 중에서 송환거부 포로, 즉 반공포로는 육지에 신설한 수용소로 옮기고, 중국군 포로는 제주도로, 그리고 나머지 친공포로와 심사 분류를 실시하지 못한 포로는 거제도 지역에 분산 배치한다는 것이었다. 이 계획의 실행은 새로 부임한 거제도 포로수용소장 보트너 장군에게 하달되었다.

이 계획이 실시되었을 때 반공포로는 수용소 당국의 지시에 적극 협조하였으며, 이들은 1952년 4월에 충남 논산, 전남 광주, 경남 마산, 경북 대구·영천, 경기도 부평 등지로 이송되었다. 다소 늦은 감이 있는 조치이긴 했으나 좌우익 포로들을 분리 수용한다는 사실은 반공포로들로 하여금 자유를 찾게 한 것이나 다름이 없었다. 포로들이 이렇게 분리 수용되자 대한반공청년단도 재구성되었다. 기본적인 성격상 반공포로는 수용소 당국에게 큰 문제가 되지 않았으며, 이렇게 여러 곳에 분산 배치함으로써 걱정하지 않아도 될 정도가 되었다. 더구나 500명 단위의 소규모 수용구역이 만들어지면서 통제도 훨씬 용이해졌다. 그렇지만 거제도에 잔류한 7만 명에 가까운 포로의 문제는 아직 남아 있었다.

보트너 장군은 수용소의 현황을 파악하는 한편, 사태 수습을 위해 다각적인 검토를 하였다. 그의 판단은 거제도의 포로들이 평범한 포로들이 아니라는 것, 비록 총은 갖고 있지 않지만 그들은 임기응변으로 경비부대를 공격할 수 있는 무장을 갖춘 전투원이라는 것, 그들의 특성은 저돌적이고 광신적이므로 강력한 방법에 의해 질서를 잡아야 한다는 것이었다. 친공포로들은 수용소 내에 기세 좋게 인공기 또는 중국기를 게양하고 여기저기에 미군을 모욕하는 플래카드를 걸어 두고 계속해서 시위를 벌이고 있었다. 당시 제76수용소에 모인 각 수용소 대표들은 다시 돌아가지 않고 그대로 머물러 있었는데, 그들이 무슨 음모를 꾸미고 있는 것으로 판단되었으므로 이런 상황에서 포로를 심사하거나 분리시키는 일은 엄두도 낼 수 없었다.

보트너 장군은 한 가지씩 문제를 풀어 나가기로 계획하고 3단계 작전을 구상하였다. 그는 우선 수용소 관리를 개선하기 위해 거제도에 근무하는 미군들의 군기부터 바로 세우기로 하였다. 자질이 우수한 병사들이 전방에 투입된 때문이기도 하였지만, 후방에서 포로 경비라는 업무에 종사하는 군인들의 군기는 대단히 문란해져 있었다. 경비병의 이런 군기문란은 포로들의 저항행동과도 무관하지 않은 것으로 보였다. 그래서 그는 이들을 단시간 내에 훈련시켜 이완된 근무 자세를 바로잡았다.

그리고 수용소 경비병력을 보강하기 위한 조치를 취했다. 이 무렵 일본에 주둔하고 있던 제187공수연대와 캐나다군, 영국군, 그리스군 및 터키군 등이 거제도로 이동하여 수용소 내의 유엔군 병력이 강화되었다. 여기에 추가적으로 전차부대와 공병부대까지 투입되어 부대의 힘이 크게 증강되었다. 이로써 지휘권을 확립하고, 포로들에게 거제도의 주인이 누구인가를 분명히 하겠다는 보트너 장군의 제1단계 작전이 이루어졌다.

이렇게 증강된 병력과 장비로 포로를 제압하는 제2단계 작전이 시작되었다. 보트너 장군은 포로 대표들을 직접 만나서 우선 수용소 내에 게양된 인공기와 중국기를 철거하도록 명령하였다. 그리고 포로들이 수용소 당국에 요구 조건을 제시하는 것도 금지시켰다. 그렇지만 이런 명령에도 불구하고 친공포로들은 여전히 인공기와 중국기를 게양하고, 욕설 플래카드, 각종 표어, 김일성과 마오쩌둥의 초상화를 버젓이 내걸었다. 수용소장의 명령을 무시한 행위였다. 이에 대해 보트너 장군은 무장병을 수용소 안에 진입시켜 그것들을 실력으로 철거시키는 강경책을 보였다. 그리고 지시를 어기고 계속해서 연병장 국기대에 적기를 게양하는 포로 두 명을 사살함으로써 수용소 당국의 강한 의지를 보여주었는데, 이후로는 기를 올리는 일이 사라졌다.

또 그는 공병단장에게 포로들을 분리·분산 수용할 500명 단위의 수용소 건설을 지시하는 한편, 수용소 부근에 거주하는 주민을 철거시켰다. 북한 특별공작대가 수용소에 인접한 민가를 이용하여 암약하고 있다는 사실을 확인하고 이를 방지하기 위해서였다. 포로들도 이런 정황을 알아차린 듯 수용소 안에서 무기를 만드는 작업에 열을 올리고 있었다. 폭동을 일으키기 위한 준비였다. 상황이 이렇게 진행되자 보트너 장군은 강력한 실력행사를 감행하지 않으면 안 될 것으로 판단하고, 무력으로 수용소를 장악함으로써 포로들을 압도하여 그동안 실추되었던 수용소의 통솔권을 회복하고, 포로의 분산 수용을 실행하려 하였다.

이 작전을 실행하기 위해 먼저 그동안 포로들의 대표 역할을 해온 북한군 포로 이학구 대좌를 찾아내 영창에 감금했다. 그 다음 순서로 수용소 1개 동을 선택하여 전차부대와 공수부대를 투입하였다. 포로들은 미리 준비한 사제 무기를 가지고 항거하였지만 경비대의 위세에 질려 결국 굴복하였다. 이 작전에서 진입부대는 묶이거나 구타당하여 마루에서 구르고 있는 포로 85명을 구출했다. 쌍방 모두 사상자는 없었으며 시험적인 작전은 성공적이었다.

드디어 본격적인 포로 분리, 분산작업이 시작되었다. 1952년 6월 10일 새벽 보트너 장군은 먼저 악명 높은 구역을 대상으로 선정하여 확성기를 통해 500명씩 조를 짜서 새로 만든 동으로 이동할 것을 지시했다. 그리고 만약 이 지시를 따르지 않으면 실력을 행사하겠다고 경고하였다. 하지만 포로들은 반복되는 소장의 명령과 경고에도 불구하고 이를 따를 기미를 보이지 않고 고함과 욕설로 맞섰다. 그리고 도끼, 몽둥이, 식당 칼, 창, 휘발유, 수류탄으로 무장하고, 수용소 정문 안쪽에 파놓은 교통호로 들어가서 대항할 태세를 갖추었다. 보트너 장군은 전차부대와 공수부대에게 수용소로 진입하라는 명령을 내렸다.

이 작전에서 투입 부대는 단 한 발의 총도 쏘지 않고 최루탄과 진동수류탄만 사용했는데, 최루탄 세례를 받은 포로들은 눈을 제대로 뜨지 못하면서도 각종 무기들을 가지고 저돌적으로 덤벼들었다. 그러나 용의주도한 계획과 일급 전투원들의 뛰어난 역량 앞에서는 포로의 무리들도 적수가 되지 못했다. 약 2시간 반이 지났을 무렵 포로들은 완전 제압되었다. 진입부대에 압도당한 포로들은 정문에 세워둔 차량에 실려서 준비된 수용소로 옮겨졌다.

이 작전에서 31명의 포로가 죽고 139명이 부상당했는데, 사망자 중에서 대부분은 포로수용소 안에서 소위 인민재판에 의해 이미 희생된 반공포로들이었다. 수용소 내부의 수색에서 포로들이 만들어 숨겨 놓은 수많은 무기가 나왔으며, 참호와 각 막사를 연결하는 지하도와 수용소 당국의 분리 수용작전에 대항하기 위한 작전계획서도 발견되었다. 곧 밝혀진 사실로는 이렇듯 용의주도한 계획과 막대한 무기를 가지고 포로들이 거제도 점령의 흉계를 꾸미고 있었던 것인데, 수용소 당국의 과감한 선제공격으로 1년간에 걸쳐서 그들이 준비했던 계획은 수포로 돌아가고 말았다. 한편, 이 작전의 결과 이곳에서 신분을 속이고 공포 속에 지내던 반공포로들은 자유를 얻는 기쁨을 누리게 되었다.

수용소 관리당국은 이 기세를 이용하여 구역의 분리 수용에 착수하였으며, 그 후에는 포로들이 별 저항 없이 당국의 지시에 따랐다. 다른 친공포로 수용소에서는 지하창고에서 사제무기와 미처 처리하지 못한 시체가 16구나 발견되어 수용소 관리당국을 경악케 하였다. 이 시체도 친공포로에 의해 사형(私刑)에 처해진 반공포로인 것으로 추정되었다. 그 후 1주일 동안 거제도의 전 포로수용소의 분리작업이 물결을 타듯 순조롭게 진행되었으며, 최종적으로 제62구역의 민간인 공산포로를 분리 수용시킴으로써 10일간에 걸친 분리작전은 끝을 맺게 되었다. 미국 공간사(公刊史)에는 이런 흐름을 지적하여, "공산주의자가 믿고 있는 것은 힘뿐이다. 반항도 적대감도 실력을 보임으로써만이 붕괴시킬 수가 있다."라고 실력 행사의 당위성을 강조하고 있다.

이렇게 하여 보트너 장군은 부임 1개월 만에 수용소를 500명 단위 체제로 전환시키는 데 성공하였다. 그리고 포로들을 작은 규모의 수용소에 수용시키기 전에 재심사를 실시하여 다시 한 번 친공포로와 반공포로를 분리하였다. 여기서 악질적인 친공포로는 거제도의 저구리와 거제도 서남 해안에 위치한 용초도 및 봉암도에 분산하여 수용하였다. 이때 제60단위와 제70단위 수용소에는 친공포로를 수용하였고, 제80단위에는 반공포로를 수용하였다. 중국군 포로들은 전부 제주도로 보냈는데, 제주비행장에는 친공포로, 모슬포에는 반공포로를 수용하였다.

신임 보트너 소장의 강력한 지휘 아래 이러한 과정을 거쳐 재정비된 거제도 포로수용소는 이미 과거의 무법지대가 아니었다. 그들의 괴수였던 박상현과 이학구가 체포됨으로써 조직의 방향성이 상실되었으며, 조직력도 약화되어 있었다. 또한 수용소의 규모가 500명 단위로 줄어들었기 때문에 1개 동에서 폭동이 일어난다고 해도 그 위력은 클 수 없었다. 각 수용소가 연대체제를 취하여 일시에 봉기하는 경우도 고려해 볼 수 있었으나 수용소 간의 연결은 당국의 엄격한 통제를 받고 있었으며, 수용소의 규모가 작은 만큼 당국의 통제도 용이해졌다.

유엔군 당국의 안일함과 관리소장의 무능함을 틈타 이념대립의 피비린내 나는 바람이 몰아쳤던 거제도는 이제야 제자리를 찾아가고 있었다. 포로수용소장의 피랍으로 절정에 달했던 혼란은 진정되었으며, 포로관리는 비교적 정돈기를 맞게 되었다. 이후에도 새로 마련된 수용소에서 송환 개별심사를 시행하여 송환을 거부하는 반공포로는 육지로 이송시켜 이미 분산 수용된 반공포로와 합류하게 하였다. 결국 포로 전체를 분리, 분산 수용하는 데 약 5개월이 걸린 셈이었다. 분산 후 전국 각 수용소의 현황은 다음 표와 같았다.

이런 과정을 거쳐서 육지로 이송되어 온 반공포로들은 석방되기를 기다리고 있었으나, 그것이 언제 이루어질는지는 알 수 없었다.

수용소명	소재지	반공포로 (송환거부 포로)	친공포로 (송환희망 포로)	비고
제1포로수용소	거제도 고현리		4만 2,691	
	거제도 저구리		1만 1,233	
제2포로수용소	제주도 모슬포	1만 4,000		중국군
	제주도 제주비행장		6,000	중국군
제3포로수용소	영천	1,000		
제4포로수용소	대구	480		
제5포로수용소	광주	1만 1,300		
제6포로수용소	논산	1만 1,376		
제7포로수용소	마산	3,800		
제8포로수용소	부산 거제리	3,623		
제9포로수용소	부산 가야	4,027		
제10포로수용소	부평	1,400		
제11포로수용소	봉암도		8,835	
제12포로수용소	용초도		7,925	
계		5만 1,006	7만 6,674	

단위 : 명

분리, 분산 수용 후 포로 현황(1952.11)

휴전회담은 송환거부 포로의 처리를 두고 설전을 계속하며 결렬과 재개를 거듭하고 있을 뿐 별다른 진전을 보지 못하고 있었던 것이다. 다만 유엔군 측이 송환거부 포로문제를 인도적 차원에서 끈질기게 추진하고 있다는 것만이 그들에게 한 가닥 희망일 따름이었다.

2장

이승만 대통령의 결단

1953년에 접어들어 휴전회담은 한국 정부 및 한국 국민의 뜻과는 상관없이 유엔군 측과 공산군 측의 의도에 의해 마무리 단계로 접어들고 있었다. 그런데도 이승만 대통령의 결심은 고집스러울 정도로 강하기만 했다. 그는 "휴전회담을 반대하며, 한국군 단독으로라도 북진하겠다."는 뜻을 표명했다. 한국 국회도 이 결의를 지지하고 '휴전 반대 및 북진 통일 결의안'을 채택했다. 5월 8일, 한국 정부는 휴전을 수락할 수 없다는 통고를 미국에 보냈다. 국민들의 휴전 반대 열기도 대단했다. 서울과 부산 등지의 도시와 지방에서는 시민과 학생들의 휴전 반대 궐기대회가 연일 계속되었다.

이 무렵 휴전회담장에서는 유엔군 측과 공산군 측이 포로문제에 대해서 대체로 순조로운 합의를 이루어 가고 있었다. 따라서 협정 체결의 가능성도 높아 보였다. 그럴수록 이 대통령의 신경은 더욱 날카로워졌다. 그는 공산군 측이 반공포로들을 무기한 억류할 수 있는 규정을 포로교환협정에 교묘히 삽입하지나 않을까 우려하고 있었다. 공산군 측의 제안이란 한결같이 반공포로들의 정치적 망명처를 단절시키는 데 초점을 두고 있었기 때문이다. 공산군 측의 이런 계략에 대해서 이 대통령은 수차 경고하였다.

한때 유엔군 측은 송환거부 포로들을 민간인으로 처리하여 석방한다는 방침을 수립하고, 이를 이 대통령에게도 전달하였다. 하지만 이런 방침이 공산군 측의 강력한 반발에 부딪히자 유엔군 측은 그 방침을 수정하였다. 공산군 측의 반발이 강했다기보다 휴전협상이 난관에 봉착할 것을 우려한 유엔군 측이 자의반 타의반으로 방침을 바꾼 때문이었다. 그리하여 유엔군 측은 앞서 제기했던 제안을 철회하는 방안으로 협정 체결안을 제시하였다. 포로 교환문제에서 유엔군 측이 공산군 측에 끌려가는 양상이 되었던 것이다.

양측의 협의가 계속되면서 포로문제를 포함하여 전반적인 협상은 성사 직전에 이르렀다. 6월에 들어서 공산군 측이 유엔군 제안을 수락하게 되자 클라크 장군은 다시 이 대통령을 방문하고 휴전 성립이 시간문제임을 통고하면서 휴전에 동의할 것을 설득하였다. 그러나 이 대통령의 고집은 여전하였다. 이와 같이 한·미 간의 기본적인 입장 차이가 해소되지 않은데도 6월 8일 쌍방 대표들은 포로 교환 협정에 조인하였다. 클라크 장군은 이 대통령을 방문하고 포로 교환 협정이 조인되었음을 알리고, 휴전협상에 협조해 줄 것을 요청했다. 그러나 이 대통령의 태도는 변함이 없었다.

이 시기에 이 대통령은 그동안 마음에 품어 왔던 '모종의 조치'를 단행할 결심을 하게 된 것 같았다. 여기서 모종의 조치란 '반공포로 석방'이었다. 반공포로 석방은 그 당시로서는 대단히 놀라운 발상이었다. 설사 한 번쯤 생각해 볼 수는 있는 일이었겠지만, 여러 가지 여건으로 보아 실현하기는 불가능한 것으로 생각될 일임이 분명했다. 대한민국 대통령이라고 해도 그들을 마음대로 처리할 수 없게 되어 있었다. 포로를 한국군이 관리하거나 한국군이 작전 지휘권을 갖고 있었다면 문제가 되지 않을 수 있지만, 현실은 그렇지 못했다. 포로 수용소는 미군 병참관구사령부(KCOMZ)가 관할하고 있었으며, 한국군은 다만 경비부대와 헌병을 파견하여 미군 지휘 하에 수용소의 경비를 맡고 있을 뿐이었다. 이런 상태에서 포로를 석방한다는 것은 당장 미국과 유엔 참전국들과의 충돌을 초래하고, 더 나아가서는 공산군 측의 비난을 불러 일으킬 수 있는 어렵고도 힘든 일이었다. 그럼에도 불구하고 이 대통령은 불가능에 가까운 반공포로 석방을 감히 실행하려 했던 것이다.

이 대통령이 이처럼 모험적인 일을 단행하려고 결심하게 된 요인은 무엇이었던가? 그 자신이 직접 밝힌 바는 없지만, 당시의 정황과 이 일을 전후하여 표명한 그의 언행으로 미루어 다음과 같은 점들을 추정해 볼 수 있을 것이다.

첫째, 반공포로를 공산 진영으로 넘겨줄 수 없다는 이념적인 측면
둘째, 외교적 주도권의 장악
셋째, 반공 통일에 대한 한국 국민의 의지
넷째, 휴전협상에 전쟁 당사국인 한국의 입장이 전혀 참작되지 않고 있는 데 대한 국민적 분노
다섯째, 반공포로들의 열망과 그들이 제출한 직·간접적인 탄원 등을 들 수 있을 것이다.

6월 6일 아침, 이 대통령은 헌병총사령관 원용덕 소장[33]을 경무대로 불러들여 "한인(韓人) 반공포로를 석방하라."는 임무를 부여하였다. 여기서 한인 반공포로라고 함은 유엔군사령부의 포로 분리, 분산작전에 의해 거제도에서 육지로 수송되어 분산 수용되어 있던 약 3만 5,000여 명의 한국인 포로를 말하는 것이었다.

대통령의 지시를 받은 원 장군은 이렇게 엄청난 중대사를 어떻게 처리할 것인지 고민하지 않을 수 없었다. 그는 최근 휴전회담의 경과나 국내 정세로 보아 비상사태 선포 정도는 예상하고 있었으나 포로 석방에 대해서는 전혀 생각한 바 없었다. 일을 성사시키는 데에는 어려움이 한두 가지가 아니었다. 한국군의 작전 지휘권이 유엔군 사령관에게 이양되어 있기 때문에 대통령의 명령이라고 해도 포로 석방이 합법적으로 이루어질 수 없다. 포로수용소의 관리를 미군이 담당하고 있어서 그들의 동의나 협조를 얻지 않고는 포로 석방이 곤란하다. 한국 국방부장관과 육군총참모장이 배제되어 있어서 정상적인 지휘계통에 의한 업무 처리가 불가능하다. 헌병총사령관이라고 해도 육·해·공군 헌병을 지휘할 법적 근거가 없기 때문에 수용소 경비를 담당하고 있는 육군 헌병을 움직이기 어렵다는 등의 난제들이 있었다.

어느 것 하나도 해결하기 쉬운 문제가 아니었다. 그렇다고 실행을 포기할 수 없는 터. 그는 고심하던 중에 포로에 관한 제네바 협약에서 (작전 지휘권을 이양했지만) 교전 당사국으로서 전쟁포로에 대한 주권을 행사할 수 있다는 해석이 가능한 규정을 발견하고 미군이 관리하고 있는 포로를 한국군이 처리한다고 해도 위법이 아닐 수 있다는 다분히 자기중심적인 법적 해석을 도출해 냈다. 그리고 포로를 석방하기 위해 각 포로수용소의 경비를 담당하고 있는 육군 헌병을 헌병 총사령관 지휘 하에 넣는 문제는 대통령의 재가를 받아 합법화시킴으로써 해결할 수 있을 것으로 판단했다.

원 장군은 기본 계획을 수립한 다음, 이틀 뒤 대통령 집무실로 들어갔다. 이 자리에서 그는 그 동안의 연구 결과와 계획을 보고하고, 이 일을 처리하기 위해서는 우선 헌병총사령부가 각 군 헌병을 지휘할 수 있는 권한을 갖고 있어야 되겠다고 상신하였다. 포로수용소의 경비는 대한민국 육군 헌병이 담당하고 있으므로 이들을 헌병총사령관 지휘 하에 두어야 합법적인 통제가 이루어질 것이었다. 원 장군은 대통령의 재가를 받아 이 문제를 해결하기로 하여 미리 작성해 가지고 들어간 '오늘부터 육·해·공군의 모든 헌병은 헌병총사령관의 지휘 하에 들어갈 것을 명령함'이라는 내용의 문서에 대통령의 서명을 받고, 또 '반공포로 석방명령서'도 받았다.

3장

심야의 대탈출

대통령이 내린 반공포로 석방명령은 은밀, 기습을 요하는 일대 모험적인 사건이며 하나의 작은 전쟁이라고 할 수 있었다. 성공이냐 실패냐도 중요하지만, 한국군·미군 간에 큰 유혈사태가 일어날 수도 있는 일이었다. 경무대를 나선 그는 진헌식 내무부장관을 찾아갔다. 반공포로 석방 자체는 군이 담당할 일이지만, 석방 후에 있을 포로들의 안내와 보호는 경찰이 맡아야 할 일이므로 그 문제를 협의하기 위해서였다. 이렇게 해서 초기에 반공포로 석방에 관련된 정보를 알고 있었던 사람은 원 장군 외에 진 내무부장관과 당시 휴전회담의 한국 측 대표 최덕신 소장, 그리고 갈홍기 공보처장에 한정되었다. 비밀을 유지하기 위해서 국방장관과 육군총참모장에게도 이 사실을 알리지 않았다. 그만큼 이 일은 국가적인 극비사항으로 추진되었던 것이다.

원용덕 장군은 대다수의 포로수용소 경비 병력이 한국군이라는 사실을 활용하기로 하였다. 수용소에 따라 다소의 차이가 있었지만, 대체적으로 각 포로수용소에는 미군 수용소장 지휘 하에 소수의 미군 행정 및 기술참모들이 편성되어 있었고, 수용소의 경비는 주로 한국군의 경비부대와 헌병들이 담당하고 있었다.

그는 이 일을 실행하기 위해서 6월 9일 긴급명령으로 육군헌병사령부 요원 세 사람[34]을 호출했다. 명령을 받고 당시 육본이 있던 대구에서 서울로 올라온 헌병장교 세 사람은 사전에 아무런 의제도 알지 못한 채 긴급 소집된 데 대해 궁금해 하고 또 긴장한 상태로 회의에 참석했다. 회의가 시작되자 원 장군은 처음부터 "본 회의에서 논의되는 일은 국가 1급 비밀이므로 참석한 여러분은 회의 내용을 절대 비밀로 해야 한다."고 경고하였다. 그런 다음 그는 먼저 휴전회담의 포로 교환문제를 둘러싼 최근의 정세를 간단히 설명하고, 이어서 대통령으로부터 반공포로를 석방하라는 대명을 받았다는 사실을 털어놓았다. 이 말을 들은 참석자들은 깜짝 놀랐다. 포로관리 실태를 잘 알고 있는 그들로서는 이 일이 얼마나 어렵고도 위험한지도 잘 알고 있기 때문이었다. 이때 육군헌병사령관은 이 일에 책임을 질

수 없다는 뜻을 나타냈으므로 부사령관인 송효순 대령이 육군 헌병을 책임지기로 하였다.

이후 두 차례 실행 방안을 논의했는데, 먼저 고려된 것은 무력으로써 수용소를 접수하여 포로를 석방하는 방안이었다. 하지만 이것은 여러 사람을 동원하는 가운데 보안상의 허점이 나타날 우려가 있다는 면에서 포기했다. 다른 방안은 기습적으로 포로를 석방하는 것으로서, 한국군 경비부대와 헌병대가 협조하여 미군의 눈을 속이고 야간에 철조망을 절단하여 포로들을 탈출시키려는 것이었다. 바꾸어 말하면 포로를 감시하고 경비를 해야 할 경비대와 헌병대가 그 임무를 완전히 포기할 뿐만 아니라 오히려 포로들의 탈출을 도와준다는 방법이었다.

이 방안을 채택한 일행은 거사 일시를 6월 18일 0시로 결정했다. 일시와 방법이 정해지자 곧 포로 석방계획을 작전 명령 형식으로 만들어 등사한 후 사령관이 날인한 후 봉투에 넣어 밀봉하고, 이 명령서를 각 포로수용소로 전달하기 위해서 헌병 영관장교 5명을 밀사로 선발하였다. 이들 장교들에게는 작전명령을 전달하는 일뿐만 아니라 반공포로 석방공작 실행이라는 막중한 사명이 부여되었다. 따라서 이번 일의 성패는 그들의 어깨에 놓여 있다고 해도 과언이 아니었다.

밀사를 파견한 후 드디어 6월 17일 날이 어두워지자 송 대령은 교환대를 통해 들어오는 모든 전화를 부사령관실로 직접 돌리도록 조치하고, 그의 사무실에서 신경을 곤두세운 채 '밤의 전투'에 대비하고 있었다.

그는 이 과정에서 통신 보안에 유의하여 기밀 누설방지에 온 신경을 썼다. 한편 헌병총사령관실에도 사령관과 그의 보좌관들이 각 수용소와 송 대령으로부터 들어올 보고를 학수고대하고 있었다. 바야흐로 3만 5,000여 명의 반공포로들이 자유 대한의 품에 안길 수 있는 역사적인 순간이 다가오고 있었던 것이다. 원 장군은 이번의 국가적 대명이 그로서는 일생일대의 막중한 책무였기에 만약 실패한다면 그 책임을 지고 할복자살이라도 하여 사죄하겠다는 비장한 결의를 나타낸 바 있었다. 그러기에 긴장과 무거운 침묵 속에서 결과 보고를 기다리는 그의 심장이 뛰고 그의 마음은 초조했을 것이 분명했다.

18일 이른 새벽, 드디어 부산지구수용소로부터 시작하여 각 수용소로부터 보고가 들어왔다. 대체적으로 거사는 성공적으로 이루어지고 있는 듯했다. 그런데 영천 수용소만은 사전에 기도가 미군 측에 탐지되어 실패했다는 것이다. 이렇게 하여 한 지역에서 실패하고 다른 지역에서는 일부의 포로가 탈출하지 못했지만 전체적으로는 포로 석방이 일단 성공한 것으로 판단되었다. 원 장군은 18일 새벽 4시 경무대 비서실을 통해 대통령에게 거사 성공을 보고했다. 그 후 새벽 5시 30분에는 갈홍기 공보처장과 만나 협의하고 서울 정동에 있는 중앙방송국으로 달려갔다. 오전 6시 정각. 원 장군이 전 국민에게 '반공포로 석방에 대한 담화문'을 발표함으로써 이 사실은 널리 알려지게 되었다.

6월 18일 새벽 2시가 좀 지나서부터 육군 총참모장 백선엽 장군의 관사로 빗발치듯 전화가 걸려오기 시작했다. 전화를 건 사람은 포로수용소를 관장하는 병참관구사령관 헤렌(Thomas Heren) 장군, KMAC 단장 로저스(Gordon Rogers) 장군, 미 제8군사령관 테일러(Maxel D. Taylor) 장군, 도쿄의 클라크 유엔군사령관 등이었다. 모두 불만과 항의를 나타내는 전화였으며, 모두 충격을 받은 듯했다. 그렇지만 백 장군은 이 사건이 누구의 지시에 의한 것인지 어떠한 답변이나 해명도 할 수가 없었다.

백 장군 자신도 이 사태에 놀랐고 또 미군 측의 반응이 매우 강력했기 때문에 걱정이 앞섰다. 그는 경무대로 전화를 걸었다. 한밤중에 대통령을 깨우는 전화를 한 것은 처음 있는 일이었다. 육군총참모장의 전화를 받은 이 대통령은 의외로 담담했다. 그는 이 사건을 '대통령이 지시한 일'이라 말하라고 했다. 이 대통령과의 통화를 마친 백 장군은 곧 클라크 장군에게 전화를 걸어 '반공포로 석방은 이 대통령 자신의 책임 하에 단행한 것이며, 아침에 발표가 있을 것'이라고 전해 주었다. 이어서 발표된 성명에서 이 대통령은 포로 탈출에 자신이 연루되었음을 신속하고 솔직하게 시인하였다.

한국 측의 이런 기도를 미국은 알고 있었을까? 클라크 장군은 반공포로 석방 가능성에 대해 어느 정도 예측은 했던 것으로 보였다. 그러나 그런 일이 벌어진다면 유엔군사령부로서도 이를 예방 또는 저지할 수 있는 대책이 없다고 여겼다. 왜냐하면 수용소의 경비를 한국군이 담당하고 있으며, 한국군 경비부대를 미군으로 교체할 것도 고려해 보았지만, 그만한 병력도 문제이고 정치적으로 민감한 사안으로서 한국 국민을 자극할 것이라고 판단했기 때문이었다. 하지만 대체적으로 대탈출을 위한 조직적인 계획의 징후는 없는 것으로 판단했다.

반공포로 석방 시에 자유의 몸이 된 사람들은 과연 얼마나 될까? 육군본부에서 제시한 반공포로 석방 현황은 다음 표와 같다.[35]

석방된 포로들은 떳떳한 대한민국 국민으로서 새 출발을 하게 되었다. 그들은 각 기관을 방문하여 감사를 표하고, 군경 유가족에 대한 노력 봉사, 농가 지원 등으로 자발적인 봉사를 함으로써 국민들로부터 칭송을 받았다. 그들 중에는 군 입대를 원하는 자들은 우선

포로수용소명	수용 인원	석방 인원
부산지구 거제리 제2수용소	3,065	392
부산지구 가야리 제9수용소	4,027	3,930
광주 제5수용소	1만 610	1만 432
논산 제6수용소	1만 1,038	8,024
마산 제7수용소	3,825	2,936
영천 제3수용소	1,171	904
부평 제10수용소	1,486	538
대구 제4수용소	476	232
계	3만 5,698	2만 7,388

단위 : 명

반공포로 석방 현황(1953.7.2 현재)

적으로 받아들여졌으며, 일부는 의용경찰로 채용되었다. 그 밖에는 가족·친척들에게 돌아가 대한민국의 국민이 되었다.

4장

반공포로 석방에 대한 반응 및 영향

반공포로 탈출사건이 발생하자 유엔군사령관은 이 일에 한국 정부가 개입되었음을 강조하고, 수용소 내의 미군들이 탈출을 막기 위해 노력했으나 허사였음을 밝히는 성명을 발표했다. 그는 한국군 경비병과 포로들이 공모하여 집단 탈출이 이루어졌기 때문에 이를 저지하려는 미군의 노력이 효과가 없었다고 해명했다. 또 그는 포로의 탈출을 방치한 한국 육군경비대의 행동과 이런 일을 지시한 이 대통령의 조치를 비난하는 개인 서한을 발송하였다.[36]

곧 이어 미군 당국은 한국군 경비대를 미군 부대로 교체하는 한편, 가능한 한 많은 포로를 찾아내 재수용하려고 하였다. 그러나 탈출한 포로들은 대부분 지방 주민들과 섞여 버렸고, 한국 정부와 국민들이 그들을 보호하였기 때문에 탈출자들을 색출하기란 거의 불가능했다. 한국의 행정기관과 국민들은 포로들에게 옷을 주고 그들을 민가에 숨겨 주었으므로 미군의 노력이 실효를 거두지 못했던 것이다. 한편, 유엔군사령부는 나머지 포로들을 안전하게 수용하기 위한 조치를 취했다. 즉 포로수용소의 수를 더 줄여 포로를 집결시키고, 가능한 한 많은 미군 경계병력을 투입하였다.

반공포로 석방사건이 발생하자 가장 민감한 반응을 보인 것은 역시 미국이었다. 이 사건을 바라보는 미국 측 인사들의 전반적인 분위기는 반공포로 석방과 같은 엄청난 일을 저지르는 이 대통령과 앞으로 협조가 과연 잘 되겠는가 하는 짙은 의구심으로 나타났다. 아이젠하워 미국 대통령과 그의 자문위원들은 한국 정부의 무책임한 행동에 대해서 심각한 우려를 표명했으며, 국무장관은 한국의 조치를 비판했다. 워싱턴 당국에서는 이 대통령의 포로 석방에 대해 '명백한 해명'이 있을 때까지 그 당시 예정되어 있던 국무차관보의 서울 방문을 연기하는 조치를 취했다.

미국 정부의 관계자들은 반공포로 석방이라는 돌발적인 행동을 한 데 대해 이 대통령을 못마땅하게 생각하면서도 차후 그와 유사한 행동이 다시 발생할 가능성을 두려워하게 되었다. 미국 측으로서는 공산 측보다 오히려 한국 쪽이 문제라고 여겼다. 미군 대표단은 한국의 협정 준수에 대한 보증을 요구하는 공산군 측 대표단의 압력을 받는 상황에서 이 문제를 해결하기 위해 한국 정부, 즉 이승만 대통령과 밀고 당기는 '협상' 쪽에다 더 많은 노력과 시간을 투여해야만 했다. 그리하여 미국 측은 휴전협상을 종결지으려는 미국의 의도를 이 대통령에게 계속 설득하면서 휴전협상 체결에 협조할 것과 협정 이행을 방해하지 않을 것을 보장하도록 강력히 요청하였다. 그리고 이를 위해서 강·온 정책을 번갈아 가면서 꾸준히 대응하였다.

이 사태에 관한 공산군 측의 반응은 어떠했던가? 포로 탈출 사실을 알게 되자 외견상 공산군 측은 대단히 분노하면서 모든 포로들을 찾아내 재수용하라고 강력히 요구하였다. 공산군 측은 한국인 반공포로를 석방하는 데 있어서 미국과 한국이 공모했다는 비난과 선전을 계속 퍼부었다. 이에 대해 클라크 장군은 유엔군사령부와 관계 정부들이 한국 정부의 협조를 얻기 위해 최선을 다할 것이지만 탈출한 포로들을 다시 체포한다는 것은 불가능한 일이며, 그것은 공산 측이 교전 중에 이미 석방한 5만 명의 한국군 포로들을 다시 체포하는 것이 불가능한 것과 마찬가지라면서 공산군 측의 요구를 일축하였다. 이것은 반공포로 석방 사실에도 불구하고 공산 측이 휴전협상에 조인할 것을 요구한 일종의 최후통첩이었다.

공교롭게도 휴전협상을 마무리하려는 중요한 시점에 반공포로 탈출이라는 회오리바람이 불고 지나간 셈이었다. 휴전협상의 모든 조문에 가조인을 끝내고 남은 일이란 정식 휴전 조인과 그에 따른 절차에 대한 토의뿐인 상황에서 포로들의 극적인 대탈출사건이 발생했기 때문에 공산 측으로서는 세계의 이목 앞에서 공공연히 휴전 조인을 무기한 지연시켜 버리거나 협상을 전면 중단시켜 버려도 괜찮은 명분을 갖게 되었다. 그리하여 사태가 심각한 국면으로 접어들어 곧 타결될 것으로 전망되던 휴전회담에도 먹구름이 감돌기 시작했다.

공산군 측은 이 대통령의 반공포로 석방으로 전쟁에서 승리했다는 선전효과가 퇴색됨에 따라 한국 정부에 휴전협상을 준수하도록 군사적 압력을 가하는 한편, 휴전협상 체결을 앞두고 전장과 휴전회담장에서 주도권을 행사하려는 기도 하에 이른바 '7월 공세'를 실시하였다. 그들은 이 공세에서 병력과 화력을 집중하여 전선의 금성돌출부에 배치된 한국군[37]을 집중 공격하였는데, 이 전투는 휴전 전 공산군의 최후 공격작전이었다.

곧 국군이 반격을 실시한 결과 금성천을 중심으로 새로운 전선이 형성된 채 전투는 소강상태에 접어들었다. 휴전을 불과 1주일 앞두고 금성돌출부에서 벌어진 공방전에서 쌍방은 막대한 피해를 입었으며, 결과적으로 한국군의 방어선은 수 킬로미터 후퇴하였다. 이로서 북진통일을 외치며 최후의 순간까지 휴전 반대를 주장해 온 이승만 대통령은 상당한 체면 손상을 입었다.

7월 공세를 멈춘 공산군 측은 7월 19일 새로운 자세로 판문점의 휴전회담에 임했다. 그리고 반공포로 석방에도 불구하고 휴전협상의 서명을 위한 준비에 착수할 뜻을 밝혔다. 반공포로의 석방으로 격렬한 반응을 보일 수도 있을 법한 공산군 측의 태도는 유엔군 측에서 생각했던 만큼 그렇게 심각한 것으로 나타나지는 않았다. 그들은 휴전 조인의 무기한 지연이나 협상의 전면 중단으로까지 사태를 몰고 갈 기미를 보이지는 않았던 것이다. 그리고 차츰 유엔군사령부와 한국이 공모했다는 선전을 중단하고, 공격의 방향을 이 대통령과 한국 정부에 집중적으로 겨누었다. 이것은 연합국 간의 분열을 조성하려는 명백한 술책이었다. 그보다 더 중요한 의미가 내포되어 있었는데, 그것은 그들이 어떠한 대가를 치르고라도 휴전을 바라고 있다는 것을 보여주고 있다는 사실이었다.

한편, 한국 국민들이 이 사건을 보는 태도와 반응은 어떠했는가? 그들은 탈출한 반공포로들을 보호해 주는 한편, 미군 수색대원을 상대로 마치 게릴라와 같은 역할을 하였다. 한국 국민들은 이 대통령의 용감한 결단으로 이루어진 이 사건에 기대 이상의 이해와 협조를 보여 주면서 일치단결된 민족적 의식으로 대처했다고 할 수 있다. 반공포로를 석방시킨 이 대통령의 결단은 적어도 한국 내에서는 거국적인 지지를 받은 것만은 사실이었다. 이 대통령의 정책에 대해 비판적인 자세를 취하고 있는 사람들까지도 반공포로 석방의 과감한 결단에 대해서만은 찬사를 아끼지 않았다. 결국 이 대통령의 국민적 인기는 반공포로 석방이라는 일대 결단으로 최고조에 달하였다. 또한 대외적으로도 그는 하룻밤 사이에 세계적인 뉴스거리를 만들어 낸 장본인이 되었다.

또한 이 사건은 이 대통령이 반공포로 석방을 통해 장차 중요한 결과를 가져올 수 있는 어떠한 일이라도 단독으로 단행할 수 있다는 사실을 명백히 입증해 준 것이라고 할 수 있었다. 더불어서 모든 한국군과 군사시설이 유엔군사령관의 지휘 아래에 있다고 할지라도 한국 대통령이 결심만 한다면 유엔군 측과 공산군 측이 체결한 어떤 협정이라도 파괴할 수 있다는 가능성도 함께 시사해 주었다.

요컨대 반공포로 석방은 미국을 상대로 이 대통령이 행사할 수 있는 결정적 카드라고 할 수 있었다. 반공포로 석방에서 휴전 조인까지 약 한 달간이야말로 이 대통령으로서는 자신의 외교적 수완을 유감없이 발휘한 시기였다. 그는 휴전협상을 파국으로 몰아가지 않으면서도 공산 측을 위협하는 한편, 미국과의 협상을 유리하게 이끌어냈다. 이 시기 동안 그는 오직 단신으로 거대한 미국을 상대하여 외롭게 투쟁하며, 한국의 장래를 위해 필요한 거의 모든 것을 쟁취해

냈던 것이다. 이 대통령의 6·18 반공포로 석방은 강대국의 지원을 받아 전쟁을 치르는 국가로서 지닐 수 있는 가장 강력한 자주성을 나타내 보여준 사건이라 할 수 있을 것이다.

5부

휴전협상 체결과 포로송환

1장
포로송환협정 체결

1953년에 접어들어 국제정세에 많은 변화가 있었다. 미국과 소련의 지도자가 바뀌었으며, 공산군 측의 최고사령부도 휴전협상에 다소 융통성 있는 태도를 보여 주고 있었다. 이러한 정세의 변화가 포로문제에도 긍정적인 영향을 미쳤다. 포로문제로 충돌하여 협상이 무기 휴회로 들어간 이후 반년이 더 지난 이해 4월 하순, 양측 대표단이 판문점 협상 천막으로 복귀하였다. 다시 마주앉게 된 쌍방의 태도는 어느 정도 완화된 것이 분명했으나 주장하는 바는 여전히 서로 달랐다. 그 차이는 귀환을 거부하는 포로의 처리에서 나타났다. 본국으로의 귀환을 원하는 포로를 송환하는 일은 문제가 될 것이 없었고, 일단 송환을 거부하는 포로를 중립국에 맡겨서 그들의 최종 의사를 확인한다는 데까지는 상호 의견의 접근을 보았지만, 1) 중립국 대표로 선정할 국가, 2) 포로 인수 장소, 3) 설득반의 범위, 4) 송환거부 포로들의 최종처리 등에서 주장이 대립되었다.

이런 가운데 스위스와 스웨덴, 폴란드와 체코슬로바키아가 중립국송환위원회 회원국으로 인도가 회장국으로 선정되었다.[38] 이 시점에 유엔군 측은 포로의 자유송환 원칙만은 고수하고 다른 면에서는 양보하는 입장을 보이고, 5월 25일 비밀회합에서 다음과 같은 중요한 네 가지 사항을 양보하는 최종안을 공산군 측에 전달하였다.

① 송환을 거부하는 한국인 포로를 휴전이 발효되는 날에 석방해야 한다는 주장의 철회

② 포로는 60일이 아니라 90일 동안 중립국 조직의 관리 하에 잔류

③ 90일 후에도 남게 되는 송환거부 포로의 처리를 위한 기구로서 정치 회담 수락

④ 관리기구가 다수결의 원칙 하에 운용되도록 허용[39]

여기서 유엔군 측의 제안은 반공포로를 중립국에 넘겨주지 않아야 한다는 한국 측의 입장을 묵살하는 것이었는데, 이 내용이 알려지자 한국 정부는 반공포로 이양에 대해 절대 반대한다는 입장을 표

명하였다. 그리고 이러한 조건 하에서 휴전협상을 받아들이느니 차라리 한국군을 유엔군으로부터 철수시켜 남북통일을 위해 끝까지 싸울 것이라고 하였다. 이 제안에 대한 반대 이유는 그것이 한국 정부와 사전에 의논된 것이 아니며, 인도군이 한국 영토에 들어온다는 점, 송환거부 포로들을 즉시 석방하지 않고 중립국송환위원회에 넘겨 공산주의자들로 하여금 설득케 한다는 점 등이었다. 휴전회담 한국 측 대표는 이 안에 대해 강력한 항의를 제기하고 휴전회담장에서 철수하였다.

한국 측 대표의 불참에도 불구하고 양측 대표들은 포로 취급 관련 조항을 작성하고, 6월 8일 '중립국송환위원회에 대한 권한위임사항'을 포함한 '포로송환협정'에 조인하였다. 이날 양측이 서명한 송환거부 포로 송환을 위한 협정의 주요 내용은 다음과 같다.

① 고국으로 복귀하기를 원하는 모든 전쟁포로는 60일 내에 복귀하도록 한다.

③ 60일 후에도 송환을 선택하지 못한 이들은 중립국송환위원회에 인도한다.

④ 그 후 90일 동안 포로의 소속 국가가 대표를 파견하여 송환 불원 포로들의 복귀를 설득한다.

⑥ 90일간의 기한이 마감되면 나머지 송환거부 포로는 정치회담으로 인도되며, 그 회담에서는 30일간의 기한 내에 어떤 결정을 하게 한다.

⑦ 그 기간 후에도 여전히 남는 송환거부 포로는 민간인 신분을 가진 것으로 선포한다.

이로써 지루한 협상 끝에 송환거부 포로의 처리에 관한 긴 논쟁은 막을 내리게 되었다. 이 합의로 공산군 측은 그들 나름대로 주장하는 바를 어느 정도 얻은 반면, 유엔군 측의 입장에서도 포로의 자원송환이라는 원칙을 지켜냈다.[40] 이제 휴전이 결정되기 전에 처리해야 할 절차상의 남은 문제는 '중립국송환위원회'와 그 자매조직인 '중립국감시위원회'를 발족시키는 일이었다.

포로문제 협상을 시작할 때 최초로 명단을 교환 후로부터 지금까지 포로 수에 변동이 발생한 사실을 반영하여 7월 22일에 최종적인 포로의 수를 상호 통보하였는데, 유엔군 측은 끝자리 수가 생략된 6만 9,000명의 한국인과 5,000명의 중국인, 합계 7만 4,000명을 알려 주었다.[41] 송환거부 포로는 한국인 7,800명, 중국인 1만 4,500명이었다. 공산군 측은 8,186명의 한국인과 3,313명의 미군, 여기에 기타 유엔군을 포함하여 총 1만 2,764명의 포로를 송환할 것이라고 통보하였다.[42] 그리하여 양측이 각각 비무장지대의 남북쪽에 포로를 접수할 장소를 지정하고 그곳에 필요한 수용시설을 설치한다는 수정안에 동의하여 7월 25일에 양측이 서로 승인하였다.

이것으로 1년 이상이나 평화를 지연시킨 포로문제의 협상은 종장의 막을 내렸다. 그러나 포로문제 중에서 해결되지 않은 과제들은 휴전과는 상관없이 한민족의 아픈 상처로 남게 되었다. 따라서 포로문제의 협상 타결은 완결이 아닌 미결의 종장일 수밖에 없었다. 이후 휴전협상이 체결되고 휴전이 성립되었을 때 유엔군 측과 공산군 측은 먼저 각자가 수용하고 있던 송환희망 포로를 서로 교환하였다. 이로써 유엔군사령부 관리 하에 있던 공산군 포로 중에서 송환 거부자 외에 송환을 희망하는 포로들은 일단 공산 측으로 넘어갔다.

2장

중립국송환위원회에 맡겨진 운명

휴전협상에 따라 송환거부 포로의 처리를 위해 인도 대표를 위원장으로 하고[43] 4개 중립국 대표를 위원으로 하는 '중립국송환위원회'가 구성되었다. 송환을 거부하는 포로들은 모두 이 중립국송환위원회에 이송되었으며, 포로관리 책임을 맡게 된 인도가 그들을 인수하였다. 이후에 포로들은 인도군(印度軍)이 경비하는 중립지대에서 쌍방의 설득을 받기 위해 일정한 기간 동안 대기하게 되었다.

휴전협상에 의해 처음 90일은 포로들이 본래 소속했던 국가에서 나온 사람들 앞에 출두하여 송환의 이점과 타당성의 설명을 듣는 '해설(解說)' 기간이었다. 해설이라고 표현되었지만 실제 내용은 강력한 '설득(說得)'을 의미했다. 이때 설득을 받고 지금까지 견지해 온

송환거부 의사를 번복한 포로는 즉시 본국으로 돌아가게 된다. 그렇지 않고, 끝까지 귀환 반대의사를 고수하면 송환 제외의 확정 판결을 받게 된다. 해설이 끝난 뒤 나머지 30일은 군사 부문이 아닌 정치적인 문제를 해결하기 위한 정치회담 기간으로 정해져 있었다.

포로문제가 타결되고 휴전이 성립된다는 소식은 포로수용소에 있는 반공포로들에게도 전해졌다. 반공포로들의 입장에서 가장 중요한 사항은 언제 석방될 수 있는가 하는 것이었는데, 중립국감시위원회의 관리 하에 90일 동안 공산군 측의 설득을 받는다는 사실은 크게 실망스러운 일이었다. 그동안 한국 정부와 이 대통령, 그리고 미국 대통령과 유엔군사령관 등에게 진정서와 혈서를 제출하고 간청을 하였던 것이 모두 수포로 돌아간 듯했다. 탈출하지 못하고 남아 있는 반공포로들에게 이 협상의 결말은 말로만 자유송환이지 강제송환이나 다를 바가 없다는 생각이 강하게 들었다. 여기에 인도의 개입도 의심을 키우는 요인이 되었다. 인도는 표면적으로는 중립국이라고 하지만 공산 측 성향이 강한 나라로 인식되었기 때문이다.

그리하여 반공포로들은 이런 조치에 반발하는 태도를 보였다. 한국 정부의 확고한 약속이 없는 한 중립지대로 가지 않겠다고 주장하면서 단식투쟁을 시작한 수용소도 있었다. 사태가 이렇게 악화되자 원용덕 헌병총사령관이 나서서 반공포로들에게 상황을 설명하고 이 대통령의 담화문을 읽어 주었다. 이런 조치는 반공포로들의 불안감을 완화시키는 데 크게 도움이 되었다. 유엔군사령부도 송환거부 포로의 안전에 대해 지대한 관심을 갖고 있다는 사실을 보여 주기 위해서 노력했다. 그렇지만 석방이 될 때까지는 안심할 수는 없었다. 그래서 포로 간부들은 "절대로 방심해서는 안 되며, 아직도 대열에 첩자가 있을 수 있음을 명심하고 더욱 경비를 철저히 하라."고 경고하는 한편, 정보망을 최대한 이용해서 그런 자들을 색출하려고 하였다.

9월에 들어서자 반공포로의 이송이 시작되었다. 육지에 있는 포로들은 주로 기차 편으로, 제주도에 있는 포로들은 LST편으로 인천을 거쳐 기차를 타고 문산으로 이동하였다. 이렇게 하여 9월 23일까지 총 2만 2,604명이 유엔군 측으로부터 중립국송환위원회의 인도 관리군에 인계되었다. 중립국송환위원회 인도 관리군 통제 하에 들어간 송환거부 반공포로들은 이로부터 사실상 제2의 포로생활을 시작하게 되었다.[44]

3장
송환 설득을 이기려는 싸움

중립지대에 도착한 후에도 반공포로들이 감당해야 할 일들이 기다리고 있었다. 모든 정황들이 불확실하고 불안했다. 자유송환 약속이 제대로 지켜질지, 이 과정이 제대로 진행될지는 아무도 장담할 수 없었다. 휴전협상에 설득 기간이 90일간이라 되어 있다지만, 그것이 지켜질 수 있을는지도 알 수 없는 상황이었다. 그러므로 당사자인 반공포로들의 마음은 불안할 수밖에 없었다. 이제는 절대 본국으로 돌아갈 수가 없다는 것이 반공포로들의 입장이었다. 지금까지 송환 거부의 태도를 유지해 왔던 그들은 분명히 공산체제 자체를 거부하는 것으로 낙인 찍혔을 터이므로 돌아간다고 해도 반동분자로 몰려 모조리 죽임을 당하리라는 것이 너무도 자명했기 때문이다. 이 시점에 반공포로들은 또다시 보이지 않는 적과 목숨을 건 싸움을 해야만 했다.

반공포로들의 입장에서 볼 때 설득과정에서 가장 우려되는 일은 이탈자가 발생하여 전체에 동요가 생기는 경우였다. 이 시점에서도 북으로 가려고 수용소를 탈출했다가 경비병에 발각되어 되돌아오는 자가 있었기 때문이다. 이들은 위장포로가 되어 거제도에 잠입한 후 정보를 수집하여 북으로 오라는 지령을 받은 자로 밝혀졌다. 그러므로 이런 자들이야말로 가장 문제시되는 부류로 생각되었다. 이들을 색출해 내고 전체의 단결을 유지하여 결사적으로 설득에 저항하는 일이 반공포로 간부들의 최대 관심사였다.

이제 90일 동안 인도군의 통제를 받으면서 공산 측의 설득을 이기는 일이 반공포로들의 숙제가 되었다. 공산 측은 반공포로를 설득해서 최대한 많은 포로가 마음을 돌리도록 온갖 수단과 방법을 동원할 것이었다. 그런데 포로들의 가장 큰 약점은 혈육에 대한 정이었다. 인간의 본능인 고향 및 가족에 대한 정을 떠올리게 하는 것은 치명적인 결과를 가져올 것이 분명했다. 또 반공포로가 돌아가지 않으면 고향의 가족들이 반동분자로 취급당해 생명이 위험하다고 협박할 것이 분명했다. 공산군 측 설득자가 반공포로의 이런 약점을 찌른다면 송환거부의 뜻을 계속 유지하지 못할 사람이 나올 가능성이 매우 높다고 생각되었다.

하지만 고향으로 돌아간다고 해서 과연 가족을 만나 볼 수 있을 것인가? 국방군에게 생포되었을 때 자결하지 않고 포로가 된 죄는 사면해 준다고 했지만 그 말을 믿을 수가 없었다. 아무리 포로생활이라도 이남에서 생활했던 자를 순순히 가족과 만나게 할 리가 없을 것이라 생각되었다. 공산군 측 설득요원들을 만나는 것 자체가 고향에 있는 가족들에게는 좋지 않은 결과를 초래할 가능성도 있었다. 결국 공산군 측 설득요원들을 만나지 않는 것이 상책이라는 결론이 내려졌다. 설득을 결사적으로 반대하자. 아니 설득장소에 나가는 것조차 거부하자. 그래서 중립지대에 도착한 포로 간부들은 먼저 설득 자체를 반대하는 노력을 강력하게 펼쳤다.

이런 분위기 속에서 설득 시기가 가까워지자 공산군 측은 귀환을 원하는 포로들이 많지 않으리라는 점을 인식하게 되었다. 실제로 각 수용소는 압도적인 힘을 행사하는 반공포로들의 장악 하에 놓여 있었고, 전체적인 분위기도 설득 자체에 반대하거나 결코 설득당하지 않겠다는 쪽으로 기울어지고 있었기 때문이다. 이런 실정을 알게 된 공산군 측은 시간을 오래 끌어 포로들을 지치게 만들면서 모든 수단을 사용하여 반공포로 지도자들을 제거하려고 했다. 반공포로들은 그들대로 자신들이 공산군 편으로 그대로 넘겨지지 않을까 두려워하여 설득 받는 것을 거부했다. 이런저런 이유로 인해서 실제로 설득이 시작된 날은 휴전협상에서 허용된 90일 중 이미 20일이 지난 때였다. 그것도 중국군 포로의 경우였고, 북한 출신 포로에 대한 설득은 그로부터 보름이 지나서야 시작되었다.

휴전협상에서 설득을 받기로 협의가 되었다는 사실이 알려졌을 때, 제주도 모슬포의 중국 반공포로들은 공산군의 설득에 대해 위협을 느끼고, 단체로 결단코 설득을 받지 않겠다고 완강히 버텼다.[45] 그래서 미국 정부는 하는 수 없이 장제스 총통에게 지원을 요청하였고, 총통은 교시문을 보내고 위문단을 파견하여 유엔군에게 협력할 것을 권유하여 중국 포로들은 공산군의 설득을 받기로 하였다. 그러나 중립지역으로 이동하기 전에 반공포로들은 공산군의 설득에 대비하여 대응책을 연구·의논하고 예행연습까지 하였다. 심지어 이들은 거꾸로 공산군 대표를 설득시킬 준비를 하기도 했다. 그들의 의지는 굳건했고 분위기는 격앙돼 있었다.[46]

중국군 반공포로에 대한 공산군의 설득작업이 시작된 후 2개월이 경과되었을 때 공산군은 설득으로 목적을 달성할 수 없음을 알게 되자, 곧 권유에서 위협으로 태도를 바꾸었다. 그래서 공포 분위기가 조성되고 다시금 설득작업이 시행되었기 때문에 반공포로들의 희망은 쉬이 실현될 수 없었다. 그렇지만 설득작업은 공산군 측의 의도

대로 진행되지 않았다. 반공포로들은 설득요원의 말을 무시하다가 나중에는 그들을 공격하기 위해 주먹을 쓰기고 하고, 다른 도구를 사용하기도 하였다. 이런 불상사를 막기 위해서 인도 군인들은 온갖 노력을 기울였다. 설득장소에서 포로들로부터 망신을 당한 공산군 측 요원들은 중립국송환위원회에 설득을 위한 분위기 보장을 요구하면서 안간힘을 다 쏟았으나, 포로들의 거센 반발에 부딪혀 제대로 설득작업을 수행하지 못하는 경우가 대부분이었다.

당시 반공포로들은 그들끼리 하나의 전투적인 군 조직의 형태를 통해 결속되어 있었으므로 조직에서 이탈하는 포로는 경멸의 대상이 되었고, 때로는 첩자로 판명되어 목숨을 잃는 경우도 있었다. 초지일관 그들의 신념을 굽히지 않은 반공포로들은 마치 군기를 가진 부대처럼 질서정연하게 행동하고 있었다.

설득이 순조롭게 진행되지 않자 공산군 측은 정전협상을 왜곡하여 설득하지 않는 시간은 계산하지 않고 순수하게 설득한 날짜만 계산해서 90일을 적용해야 한다고 주장했다. 이렇게 하여 장기적인 지연상태를 만듦으로써 송환을 찬성하는 포로는 즉각 처리할 수 있었던 반면, 송환을 거부하는 반공포로들을 무기한 구금상태에 두려 하였다. 유엔군 측은 그러한 공산군 측의 책략을 알았기 때문에 설득기간은 분명히 90일이며, 여기에 30일의 정치회의 기간이 더해진다는 사실을 성명을 통해 강조하였다. 따라서 1954년 1월 23일이 되면 모든 억류는 끝나고 포로들은 자유의 몸이 될 것이었다.

11월 28일 이승만 대통령은 타이완을 방문하여 장제스 총통과 공동성명을 발표하고, 반공포로가 선택한 자유 입장을 보호해야 한다고 강조했다. 타이완의 각계에서는 100만인 서명운동을 전개해 이를 유엔군, 아이젠하워 미국 대통령, 중립국송환위원회에 보냈고, 빠른 시일 내에 반공포로들을 석방할 것을 호소했다.

4장
자유의 품으로!

대세는 송환 반대로 기울어가고 있었지만, 반공포로들의 심정은 결코 편안하지 못했다. 최후까지 견디자고 결의를 하였지만, 공산군 측의 선전과 인도 관리군의 편향적인 태도에 영향을 받아서 본래의 뜻을 굽혀 북한이나 중국으로 돌아가기로 마음을 바꾼 소수의 포로도 나타났다. 또한 인도 관리군의 과도한 시위 진압으로 인해 사상자가 발생하기도 했다.

이에 각 수용소의 대한반공청년단 간부들은 매일 모임을 열고 낮에는 군사훈련, 밤에는 반공사상 교육을 실시하여 마음을 굳게 다지도록 했으며, 더 이상 이탈자가 생기지 않도록 경계를 강화하면서 외부와의 연락을 유지하려 하였다. 이때 한국 정부나 유엔군사령부에서는 비무장지대에 들어가 있는 송환거부 포로들의 사정에 대해 어두웠다. 포로들의 실정을 밖에서 전혀 알지 못하도록 인도 관리군이 엄격한 통제를 가했기 때문이다. 반공포로들이 인도군에 넘겨져서 중립지대에 있는 동안 대한반공청년단은 새로운 지부를 구성하였다. 그들은 이 조직을 통해 결속력을 강화하고 한국 정부와 연락을 유지하였다. 그리고 이 기간 동안 인도군의 부당한 처우에 항거하는 한편, 공산군 측의 설득을 반대·극복하기 위하여 노력하였다.

설득업무는 지극히 느리게 진행되어서 약정된 90일 안에 전체 대상을 면담할 수 없을 것이라는 전망이 확실시되었다. 이렇게 되자 면담장에 나와 보지도 않은 포로들을 어떻게 처리해야 하는가 하는 문제가 발생하게 되었다. 공산군 측은 면담이 끝날 때까지 그들을 포로로 남겨 두어야 한다고 주장했다. 이런 주장에 대해 인도 관리군의 입장은 면담하지 못한 포로들을 본래의 포로관리 측에 돌려 주어야 한다는 것이었다.

마침내 설득을 위해 예정된 90일간의 시한이 마감되는 날이 되었다. 설득 기간 중 공산군 측이 실제로 설득한 일수는 겨우 10일에 지나지 않았다. 포로 설득 기간이 만료되는 이날에도 공산군 측은 마지막까지 송환거부 포로에 대한 설득작업을 실시하였으나 중국군 포로 2명만 뜻을 바꾸었을 뿐 별다른 성과를 얻지 못했다. 이날 유엔군사령관은 송환거부 포로의 설득 기간이 만료되었음을 밝히는 성명을 발표하였다. 반면에 공산군 측은 유엔군 측이 포로 설득 기간의 종료를 명백히 밝힘에도 불구하고 기간 연장을 거듭 요구하였다. 이렇게 되자 중립국송환위원회의 태도가 중요하게 되었는데, 이 위원회는 설득 기간 연장을 거부하고 설득작업이 정식으로 종료되었음을 의결하였다.

그렇다고 해서 문제가 해결된 것은 아니었다. 휴전협상에는 90일의 설득 기간 후에도 남게 되는 미송환포로의 처리를 30일간의 정치회담에서 결정하도록 되어 있었다. 그러나 정치회담이 열릴 전망은 없었고, 또 실제로 회담은 열리지 않았다. 이어서 중립국송환위원회는 유엔군 측과 공산군 측 쌍방에 송환거부 포로의 최후 처리 문제를 결정짓도록 통고하였으나 합의가 이루어지지 않았다.

이러한 상황에서 중립국송환위원회의 의견마저 분열되는 사태가 발생했다. 중립국송환위원회의 폴란드와 체코슬로바키아 회원들은 휴전 규정을 이행할 수가 없게 되었으므로 포로의 처리는 양측 군사지휘부에 다시 맡겨야 한다는 입장을 취하였다. 스위스와 스웨덴 회원들은 포로 중 정치회담에 의한 결정을 위하여 할당된 30일간의 시한이 끝날 때까지도 그들의 신분이 미결상태로 남는 포로는 자동적으로 민간인으로 간주해야 한다는 입장이었다. 인도 관리군은 쌍방

출신 구분	북한군	중국군	계
공산군 측으로 귀환	188	440	628
탈출 및 행방불명	11	2	13
인도군 관리 중 사망	23	15	38
인도로 이송(중립국행)	74	12	86
유엔군 측으로 전향	7,604	1만 4,235	2만 1,839
총 계	7,900	1만 4,704	2만 2,604

단위 : 명

송환거부 반공포로 처리 결과 (1954.2.19 현재)

이 포로 석방 기일에 합의하지 않는다면 그 석방 여부는 인도 정부가 결정할 것이라는 입장을 표명하고 본국에 유권적 해석을 요청했다. 인도 정부는 정해진 기간이 만료되었으므로 그동안 거취가 결정되지 않는 포로들은 당초 넘겨받은 쪽으로 되돌려 주라고 통보해 왔다. 이렇게 해서 결국 반공포로들은 유엔군 측으로 되돌아왔다.[47]

반공포로를 돌려받은 유엔군사령부는 공산군 측의 강력한 항의에도 불구하고 그들을 석방하기로 하였다. 1954년 1월 23일 한국 및 타이완 정부와 유엔군 관계관이 참석한 가운데 반공포로 인도·인수식이 거행되었다. 이에 따라 대부분의 중국인들은 타이완으로 보내졌고, 한국인 포로들은 대한민국에 인도되었다.[48] 이로써 그 어느 편의 주권도 미치지 못하는 비무장지대에서 오직 반공의 일념으로 공산군과 끝까지 대결한 송환거부 반공포로들은 마침내 완전히 석방되어 자유의 몸이 되었다.

맺음말

6·25전쟁에서 포로문제는 전쟁 그 자체보다 더 해결하기 어려운 문제로 부상하였다. 전쟁이 끝난 후에도 본국으로 돌아가지 않겠다는 포로가 나타나고, 이들을 어떻게 처리하느냐 하는 문제는 유엔군 측과 공산군 측의 전쟁지도자들을 다함께 곤혹스럽게 만들었다.

6·25전쟁 중 유엔군의 관리 하에 있던 공산군 포로들 중에서 귀환을 원하는 포로, 즉 '친공포로'와 귀환을 거부하는 포로, 즉 '반공포로'의 갈등과 투쟁은 전쟁 그 자체의 진행과정 이상으로 세계적인 주목을 끌었다. 그리고 그들이 수용되어 있던 포로수용소는 마치 냉전시대 이념 대결의 축소판과 같은 양상을 보여 주었다.

엄청나게 많은 수의 공산군 포로들이 생명을 내걸고 그들의 본국으로 돌아가기를 거부한 것은 당시 아직도 공산주의의 실상을 잘 알지 못하고 있던 사람들로서는 충격적인 일로 받아들여졌다. 공산세계로 돌아가지 않겠다는 포로가 많다는 사실은 공산주의 세계의 모순 상황을 실제적으로 증명하는 것이기 때문이었다. 따라서 이런 사태는 공산 측에게 큰 충격을 주었을 뿐만 아니라 서방세계를 놀라게 했다.

공산주의 체제 하에서 살았던 사람들이 그들의 가족과 일가친척이 있는 고향으로의 귀환을 거부한 것 자체도 놀라운 일인데, 그들이 더 열렬한 반공주의자가 된 사실, 더구나 그런 반공포로의 수가 전체 포로 중에서 절반이 넘었다는 사실은 시사해 주는 바가 크다. 그럴듯한 눈가림식의 이론이나 구호가 아니라 그 뒤에 숨어 있는 진실을 그들이 알고 있었던 때문이 아닐까.

포로들의 이탈을 막기 위해서 공산군 측은 조직적이고도 치밀한 전술과 수법을 사용하였다. 그들은 공산군 포로들 내부에 공작요원을 침투시키고 저항·선동조직을 만들었다. 그 조직 체계는 북한의 핵심세력이 지휘하고 조종하였다. 그만큼 그들은 이 일에 관심을 기울였던 것이다.

공산주의자들의 전쟁관과 군인의 임무에 대한 인식은 비공산주의 국가의 군인들과는 크게 달랐다. 민주주의 국가의 군인들은 포로가 되면 일단 정상적인 군사임무를 중단하고 제네바 협약의 규정에 따라 행동하고 대우받기를 요구하였다. 그렇지만 공산군의 임무는 포로수용소에 들어와서도 끝나지 않고 연장되었다. 단지 그 성격이 달라질 뿐이었다. 공산군의 지도자들은 이런 점을 이용하여 유엔군 포로수용소 내에 들어가 있는 그들의 장병들을 무기화하여 활용하려 하였다. 마치 바둑에서 버리는 돌을 이용하는 것처럼.

이런 상태에서 공산군 포로는 온순하게 대우하면 할수록 오만해지고 저항적인 태도를 취하였다. 유엔군 측이 신사적으로 대하면 그들도 신사적인 태도로 나오는 것이 아니라 오히려 그 반대였다. 그들은 힘만을 존중했으며, 강한 것에만 복종했다. 그것이 그들의 특성이었다. 그 결과 공산군 측은 상당히 큰 성과를 거두었던 것이 사실이다.

반공포로들은 이런 추세 속에서 악전고투하였다. 친공포로에 대항하기 위하여 대한반공청년단을 만들었던바, 그것은 조직에는 조직으로 대항하기 위함이었다. 이 과정에서 은밀한 암투와 살벌한 투쟁이 일어났는가 하면, 피를 부르는 충돌이 빈번하게 전개되었다.

귀환을 거부하는 반공포로에 대한 미국과 유엔군 측의 고민은 심각한 것이었다. 그 사이에 정책도 오락가락하는 모양을 보였다. 인도주의적인 측면에서는 자원송환 방침이 설득력을 얻은 반면, 휴전회담을 조속히 매듭지어야 한다는 측면에서는 그 방침을 끝까지 고집하기도 어려웠다. 유엔군을 대표하여 휴전회담을 벌이는 미국의 고민이 여기에 있었다. 또 한국 측 입장과 요구도 미국의 행동에 걸림돌이 되었다. 이런 형편에서 미국은 양편의 중간을 택하는 외줄타기식 정책을 취하였다. 공산군 측의 반발을 적당히 받아 주면서 미국의 목적 달성을 추구하는 방식이었다. 공산군 측도 자기들의 입장 관철이 쉽지 않음을 알고 있었기 때문에, 이런 상황을 수용할 수밖에 없었다.

그렇지만 한국 국민과 이승만 대통령의 생각은 그들과 달랐다. 무엇보다도 휴전협상 테이블에서 확실한 위치를 차지할 수 없었던 한국 측은 이 모든 과정을 부정적으로 보았다. 그리고 공산군 측의 음흉한 흉계와 미국 측의 미지근한 대처에 불만족이었다. 이러한 흐름이 이승만 대통령의 의지와 합하여 반공포로 석방이라는 사건으로 폭발하였다. 포로수용소 경비대가 포로의 탈출을 묵인하고 협조하는 차원을 넘어 그들을 석방하기 위해 조직적으로 탈출을 권장하고 지원한 일은 역사상 그 유례를 찾아볼 수 없는 사건이었다. 이것은 6·25전쟁과 이 전쟁이 지니고 있는 포로문제의 특성을 잘 대변해주는 대표적인 예라고 할 수 있을 것이다.

반공포로 석방은 이 대통령의 결단과 전체 한국민의 열렬한 지지 및 협조로 이루어진 획기적인 사건이었다. 이 사건은 전쟁을 끝내기에 급급하여 공산군 측을 달래고 양보하는 미국에 대해서나, 이런 점을 이용하여 억지를 쓰는 공산군 측에 대해 대한민국이 발동한 강력한 제동이라고 할 수 있었다. 또한 이 조치는 휴전협상의 진전을 주시하던 전 세계인들을 경악시켰다.

미국은 반공포로 탈출에 대한 공산군 측의 반발로 휴전협상이 실패로 돌아갈지도 모른다고 크게 걱정하고 있었다. 하지만 이런 우려와는 달리 그들의 반발은 미미했다. 반공포로 석방이 있었음에도 불구하고 한 달 만에 휴전협상이 체결된 것을 보면 공산주의자들에 대해서는 온건과 양보보다는 강력한 힘과 과감한 행동이 역시 최선의 방책임을 실감케 하는 사례였다. 이런 점까지를 꿰뚫어 보았다면 이승만 대통령의 혜안은 대단한 것이라고 하지 않을 수 없다. 반대로 미국 측의 예측과 판단 가치는 그만큼 낮게 평가될 수밖에 없을 것이다. 그렇긴 해도 자원송환이라는 원칙을 지켜낸 미국 측이 승리를 거두었다고 할 수 있을 것이다.

6·25전쟁에서 반공포로의 출현은 그 자체가 이 전쟁의 특징을 그대로 보여 주는 것이었다. 이 전쟁에서 포로문제는 한 마디로 말해서 반공포로 쟁탈전이라고 할 수 있었다. 2년간이나 계속된 이 쟁탈전에서 쌍방은 전력을 다했기 때문에 그 긴장과 격렬함이 칼을 맞

대고 싸우는 것과 다를 바가 없었는데, 협상이라는 관점에서 유엔군 측은 잃은 것보다 얻은 것이 더 많은 편이었다. 자유민주주의 국가인 대한민국에 대한 공산주의 국가인 북한의 침공으로 시작된 6·25 전쟁에서 누구도 예상하지 못한 반공포로의 출현은 민주주의가 무엇이며, 공산주의가 무엇인지를 웅변으로 나타내 보여 주는 것이라고 해도 좋을 것이다. 또한 공산주의를 거부하는 그 강렬한 저항의 도도한 흐름을 어떤 친공조직이나 전위대원들이 아무리 애를 써보아도 막을 수 없다는 사실을 반공포로는 역사적으로 분명히 증명했다고 할 것이다.

주

1 '포로의 대우에 관한 제네바 협약'(1949.8.12) 제1편 총칙 제4조. 우리나라에서는 1966년 8월 16일 조약 제217호로 발효되었다.

2 한 곳에서 3~4명, 그 전체를 합쳐서 100여 명 정도였다.

3 국방부 전사자료에 의하면 특히 안강·기계 전투에서 많은 수의 북한군 포로가 붙잡힌 것으로 나타나 있다.

4 유엔군사령관 맥아더 장군은 9월 말까지의 북한군 포로가 총 2만 3,000여 명이라고 유엔에 보고하였다.

5 북진 첫날인 10월 1일 하루 만에 잡힌 포로가 6,765명이나 된다는 기록도 있다. 유엔군사령부 대변인의 발표에 의하면 10월 3일부터 7일까지 5일간에 사로잡은 북한군 포로는 무려 2만 2,856명이었으며, 이로써 그때까지 무려 모두 5만여 명에 이른다고 하였다.

6 이들 중에는 거짓충성을 맹세하거나 자발적으로 북한군에 합류하고서도 강제로 징집당한 것처럼 위장한 자들도 소수 포함되어 있다는 사실이 그 후에 밝혀졌다.

7 인천상륙작전에서 생포된 약 6만 명의 공산군 포로들은 아군 경비병의 특별한 경비를 받지 않고서도 아무 탈 없이 후방지역으로 이동하였다. 미 극동군 및 유엔군사령부가 조사한 바에 의하면 소수의 헌병들이 수백 명의 포로들을 호송하는 경우에도 별 사고가 없었다.

8 전쟁 전 기간을 통하여 포로수집소 또는 임시포로수용소가 설치·운영되었던 곳은 수원, 공주, 조치원, 영동, 춘천, 제천, 하양, 원주, 충주, 대전, 대구, 영천, 인천, 마포, 평양, 함흥 등지였다.

9 국군이 처음 설치한 것으로서 1950년 7월 초의 일이다.

10 당시 제2군수사령부의 집계로는 한국인 포로가 13만 7,175명이었고 중국인 포로가 616명이었다.

11 당시 섬 전체 인구가 약 10만 명, 이 섬에 피난 온 피난민이 약 15만 명으

로서 이 섬은 그야말로 포화상태가 되었다.

12 1951년 3월에는 여섯 번의 단식투쟁과 연좌시위, 네 번의 자해사건이 발생한 것이 그런 예였다.

13 이 소요를 진압하는 과정에서 3명의 포로가 죽었고 8명이 응급처치를 받아야 할 정도의 중상을 입었다.

14 1951년 후반에 유엔군사령부가 체포한 북한 포로 첩보원은 그들이 수용소 안에서 소동과 폭동을 선동하기 위해 훈련을 받았으며 그 임무를 수행하기 위해서 의도적으로 포로가 되었다는 사실을 진술했다.

15 1951년 8월 15일에 일어난 투석전이 대표적인 사건이었다.

16 1951년 말에는 9,500명이나 되는 관리 요원이 거제도에 배치되었다. 그렇긴 해도 포로관리 책임자인 제2병참사령관이 요청했던 규모보다는 6,000명이 적은 병력이었다.

17 포로 약 80명이 죽고 150명이 부상하였다. 미군은 1명이 사망하고 38명이 부상을 입었다.

18 "동무들의 빛나는 전공은 포로가 되었다고 해서 없어진 것이 아니라 그대로 살아 있다. 당에서는 동무들의 과오를 묻지 않을 뿐 아니라 전공을 인정하고 특진을 보장해 줄 것을 약속하였다. 요컨대 특별사면이란 '공산조국은 귀환하는 자를 따뜻이 환영할 것이며, 각자가 포로생활을 한 죄과에 대하여는 이를 완전히 용서할 것'을 약속한다는 것이었다. 그 사면문서는 '북한군 최고사령관 김일성과 중국군 최고사령관 펑더화이가 서명하였다.'고 되어 있었다."

19 거제도에 있는 포로 중에서 심사를 실시하지 못한 대상은 약 4만 4,000명의 포로와 민간인 억류자였다. 부산의 제10수용소 포로병원에 있는 약 1만 2,000명의 포로와 민간인도 아직 심사를 하지 못했다.

20 이러한 투쟁활동의 핵심에 '해방동맹'과 같은 조직이 있었다.

21 조이의 제안 중에서 제2항은 '국제적십자사 대표의 포로수용소 방문을 위한 장소와 그들의 권한에 관한 사항'이었고, 제9항은 '전쟁포로에 관한 협의사항'이었다. 남일은 '국제적

십자사 대표의 포로수용소 방문'문제는 독립된 항목이 아니라 '전쟁포로에 관한 협의사항'에 포함되어야 한다고 주장하였다.

22 내용별로는 북한인이 9만 5,531명, 남한에 거주하였던 사람이 1만 6,243명, 중국인이 2만 700명이었다.

23 한국군 포로가 7,142명, 유엔군 포로가 4,417명이었으며, 그 중에 미군 포로는 3,198명이었다.

24 북한 측은 1951년 3월 라디오 방송에서 6만 5,000명을 포로로 했다고 자랑하였다. 따라서 그 후에 단 한 명의 포로도 증가되지 않았다고 가정하더라도 이 명단의 숫자는 지나치게 적은 것이었다.

25 유엔군 측은 수용 중인 인원수보다 더 많은 명단을 적십자에 보고한 사실이 있었다.

26 이것은 전보다 394명이 적은 것으로, 유엔군 측은 이들이 민간인이기 때문에 명단에서 제외했다고 설명하였다.

27 1951년 12월 포로 명부 교환 시 한국군 숫자가 의외로 적은 데 대한 북한 대표 이상조의 설명.

28 제네바 협약 제6조.

29 공산군 측이 억류하고 있는 유엔군 포로 1만 2,000명과 유엔군 측의 공산군 포로 11만 명을 가리킨다.

30 따라서 백 장군은 한국군의 대표라는 책임감과 미국이 주도권을 쥐고 있는 회의에 참석한다는 현실에 끼어 몹시 고민하게 되었다.

31 1952년 1월 16일자로 외무부장관은 미국 국무부장관에게 보낸 서한에서 대한민국 및 중국인 포로의 강제송환에 강력한 반대 의사를 표명하였고, 한국 국회도 2월 13일 유엔군사령관에게 그가 이미 결정한 양보를 '시정하도록' 요구하고, 또 강제송환을 수락하지 않도록 경고하는 결의안을 채택하였는데, 이런 내용은 조이 대표에게도 전달되었다.

32 그 후에 그는 만약 그때 워싱턴 당국이 이 건의를 받아들여 질서 있는 방법으로 포로들을 석방하였더라면 이 대통령이 휴전 직전에 반공포로 석방을 단행하고, 나머지 포로들이 휴전 성립 후 인도군의 손에 인계되어

야 하는 난처한 지경에 이르지 않았을 것이라고 말했다.

33 당시 육·해·공군에 각각 헌병사령부가 있었으나, 이 대통령의 지시에 의해 3개월 전 국방부 관할 하에 헌병총사령부가 설치되었으며, 원용덕 장군이 초대 사령관으로 임명되었다. 이 사령부의 공식적인 설치 목적은 '합리적인 헌병 병과의 운영을 기하고, 각 군 헌병의 유기적인 협조를 조정한다.'는 것이었으나, 내면적으로는 다른 어떤 기관으로부터도 통제를 받지 않는 대통령 직속부대로서의 기능과 역할을 목적으로 하였다.

34 육군헌병사령관 석주암 준장, 부사령관 송효순 대령, 제3처장 홍구표 대령.

35 육본, 「6·25사변후방전사」(1956). 6월 21일 극동군사령관은 전체 8개소의 총 수용인원 3만 5,472명 중에서 2만 6,420명이 탈출하고, 1,031명이 체포되었다고 미 육본에 보고하였으며, 『태평양 성조지』는 2만 7,312명이 탈출했다고 보도하였다. 혼란스러운 상황에서 정확한 숫자 파악이 어려웠던 점, 포로들의 탈출이 수일간 계속되었던 점, 또 사망자와 부상자의 발생, 검문검색에서 체포되어 재수용된 인원 등이 날짜와 보고 계통에 따라서 다르게 집계되었던 점 등이 통계의 불일치 원인이라고 생각되는바, 대체적으로 그 숫자는 2만 7,000명으로부터 2만 8,000명에 걸쳐 있다.

36 이후 각 주둔지와 송환거부 포로수용소에 잔류하고 있던 한국군 경비부대는 미군 부대로 대치되었다

37 한국군 수도사단, 제3·제6·제8사단.

38 이에 대해 이승만 대통령은 한국인 송환거부포로가 공산주의 국가가 포함된 외국 집단으로 인도되는 것을 강력하게 반대하며, 더구나 인도를 중립국으로 생각할 수 없다고 항의하였다.

39 유엔군 측은 그때까지 전원일치를 주장했다. 왜냐하면 쌍방이 각각 2개국씩 추천했으므로 표결 시 가부동수가 될 수 있지만, 당시 친공적인 태도를 취해 온 인도가 공산군 측에 가담할 경우 유엔군 측이 불리하게

될 가능성이 있다고 판단했기 때문이다.

40 이 협상에서 대두된 정신은 후일 국제법 체계의 일부로 반영되었다.

41 이처럼 끝자리 수를 생략한 것은 최후의 순간에 포로가 그 마음을 바꿈으로써 발생할 복잡한 문제를 피하고 융통성을 갖기 위해서였다.

42 이 숫자는 최초에 통보된 것보다 1,205명이 더 많은 것이었다.

43 인도는 중립국송환위원회의 위원장 외에 집행관 및 심판관, 위원회의 임무 수행에 필요한 병력과 기타 운영 요원도 제공하게 되었다.

44 이때 유엔군 측의 보호 하에 있던 포로들의 수용시설은 판문점 남쪽 비무장지대 내에 있는 경의선의 장단역 주변에 설치되었고, 공산군 측 포로들의 수용시설은 판문점 동쪽의 비무장지대에 설치되었다. 그리고 인도의 포로 관리군은 장단역에 주둔하였으며, 포로의 설득장소는 장단역 남서쪽 군사분계선 상에 설치되었다.

45 중국 반공포로들은 장제스 총통, 이승만 대통령, 아이젠하워 미국 대통령과 연합국 지도자들에게 혈서를 보내어 설득에 응하지 않을 것을 강력히 표시했다.

46 첫날은 먼저 500명이 설득을 받았는데, 그 중에 마음을 바꾼 포로는 겨우 10명이었고, 그 다음날에는 450명 중 겨우 9명이 귀환으로 돌아섰다.

47 이 과업이 완료됨에 따라 중립국송환위원회는 1954년 2월 1일에 해산되었다.

48 유엔군사령관은 이날부터 반공포로들이 민간인으로서의 자유를 향유할 권리가 있고 또한 자유인이 되었음을 선언하였다. 한국 정부에서도 대공투쟁에서의 승리를 천명하는 외무부장관의 성명을 발표하였다.

반공포로 석방과 휴전협상

펴낸날 **초판 1쇄 2015년 5월 30일**

지은이 **김행복**
펴낸이 **김광숙**
펴낸곳 **백년동안**
출판등록 **2014년 3월 25일 제406-2014-000031호**

주소 **경기도 파주시 광인사길 30**
전화 **031-941-8988**
팩스 **070-8884-8988**
이메일 **on100years@gmail.com**

ISBN 979-11-86061-20-6 04300

※ 값은 뒤표지에 있습니다.
※ 잘못 만들어진 책은 구입하신 서점에서 바꾸어 드립니다.

이 도서의 국립중앙도서관 출판시도서목록(CIP)은 서지정보유통지원시스템 홈페이지(http://seoji.nl.go.kr)와 국가자료공동목록시스템(http://www.nl.go.kr/kolisnet)에서 이용하실 수 있습니다.(CIP제어번호: CIP2015011544)

책임편집 **홍훈표**